그 자리에 서서

그 자리에 서서

초판 1쇄 인쇄 2009년 08월 17일
초판 1쇄 발행 2009년 08월 21일

지은이 | 문 영
펴낸이 | 손형국
펴낸곳 | (주)에세이퍼블리싱
출판등록 | 2004. 12. 1(제315-2008-022호)
주소 | 157-857 서울특별시 강서구 방화3동 822-1 화이트하우스 2층
홈페이지 | www.essay.co.kr
전화번호 | (02)3159-9638~40
팩스 | (02)3159-9637

ISBN 978-89-6023-260-0 03810

그 자리에 서서

문 영 지음

책을 내면서

어머니가 세상을 뜨실 무렵의 나이가 되었을 때 그러니까 10여 년 전에, 나는 어머니가 서 계시던 바로 그 자리에 서서 뒤를 돌아보았습니다. 그리고 참아왔던 아픈 속내를 종이 위에 털어놓기 시작하였습니다. 당시는 너무 아파서 건드리기조차 겁이 났던 상처였는데 이제 보니 그 갈피갈피에 작지만 아름다운 이야기가 깃들어 있는 것을 알게 되었습니다.

교직에 복직하여 아이들을 가르치고 글을 쓰기 시작한 것도 10여 년 전입니다. 이제 정년을 맞아 내 인생에서 가장 행복했던 시절 - 글을 쓰며 아이들을 가르쳤던 10년간 - 을 되짚어 정리하고, 닥쳐올 노년을 좀 더 색다르고 아름답게 맞고 싶습니다.

지역 신문의 칼럼에 썼던 글과 교사 전용 누리집에 썼던 글, 동인지에 모아두었던 글들 중에서 60편을 가려 작은 묶음을 만들었습니다. 1, 2부는 살면서 느꼈던 아름다운 이야기들, 3, 4부는 주로 교직생활에서 얻어진 것들, 그리고 5부와 6부에서는 주변의 것들 중에서 목에 걸린 가시처럼 넘어가지 않는 이야기들을 모았습니다.

비록 초라하고 자그맣지만 내 글을 읽으면서, 고향 집에 들어 따뜻한 숭늉 한 그릇 마시는 기분을 느꼈으면 좋겠습니다.

2009년 8월 25일

문영

차례

2부 한지로 문 바르고

3부 물두멍

4부 들꽃과 아이들

5부 못 먹을 것들

6부 나이 들어 좋은 것들

1부

디딤돌

달팽이

또로록, 또록, 또록.

야무진 낙숫물소리에 잠이 깼다. 어제 낮부터 지짐지짐 먼지잼 하던 비가 제법 굵은 목비로 변했다. 가뭄이 계속되어 여기 저기 못살겠다고 아우성이었는데 해갈이 되었으면 좋겠다.

오랫동안 미룬 일인데 오늘은 그놈을 꼭 내보내야겠다. 어떤 방법으로 밖에 내보낼까 궁리해본다. 풀밭을 향해 힘껏 집어 던져 버리면 돌멩이 위에 떨어져 박살이 날지도 모른다. 그렇다고 문밖에 내놓으면 느린 속도로 어느 세월에 풀밭까지 가겠는가.

나는 욕실로 들어갔다. 달팽이란 놈은 언제나처럼 목을 길게 늘이고 더듬이를 이리저리 움직이며, 위를 향해 느릿느릿 기어 올라가고 있다. 하얀 종이 위에 놈을 올려놓자 깜짝 놀란 듯 집 속에 제 몸을 집어넣고 공처럼 데구르르 구른다.

처마 끝 촉촉하게 젖은 시멘트 바닥 위에 종이 째 녀석을 내려놓고 안으로 들어왔다. 그때가 새벽 5시가 조금 못된 시각이니 밖은 아직 어두웠다. 이십 여분 뒤 다시 밖으로 나와 본다. 달팽이는 밖의 어둠과 습기에 자신을 얻었나 보다. 머리를 조금 내놓고 더듬이를 좌우로 움직이며 주위를 살핀다. 어린 자식이 아장아장 걷는 것을 보고 싶은 어미의 마음으로 한참동안 녀석을 지켜보았다. 그리고 방에 들어와 이 글을 쓰기 시작한다.

녀석을 만난 건 석 달쯤 전이다. 전남 고흥의 초등학교에 발령을 받아 학교 관사에 혼자 이사하게 되었다. 욕실 청소를 하는데 지름이 2 cm 남짓 되는 집달팽이를 발견한 것이다. 내가 들어오기 전 두어 달 동안 집이 비어 있어 욕실에서 물을 사용한 일도 없을 텐데, 용케도 살아 있었다. 더듬이를 움직이며 욕실의 타일 바닥이나 벽을 타고 미끄러지듯 기어간다. 저렇게 느린데 밤새 기어가 봐야 어디까지 가겠는가 하고 가늠해 보지만 생각보다 빨라 녀석의 행보를 맞춘 일이 거의 없다.

욕실에 수증기가 가득 차서 거울이 뿌옇게 되었을 때 나는 거울에서 달팽이가 기어간 흔적을 발견했다. 녀석은 내가 쓰는 세면도구도 한 번씩 기어갔을 것이고, 양치 컵도 여러 차례 핥고 지나갔을지 모른다. 연한 제 몸이 다칠까봐 투명한 끈끈액을 바르고 슬며시 기어가는 놈이 밉고, 관심을 가지고 지켜본 것이 후회되었다. 그래도 놈을 밖으로 내보내겠다는 생각은 들지 않았다.

어쩌면 나도 한 마리 달팽이인지 모른다. 어렵고 힘든 일에는 칩거해 버리는 것도 그놈을 닮았다. 퇴근하여 집에 들어가면 먼저 대문을 걸어버린다. 혼자 살기 때문에 허전해서 그런다고 변명했으나 누가 찾아오는 것이 달갑지 않다. 객지 사람에 대한 호기심으로 이것저것 묻는 수박 겉핥기식 대화는 나를 피로하게 한다. 다른 사람의 입에 오르내리는 것도 마뜩찮아 문을 잠그고 들어앉아 버린다.

느릿느릿 움직이는 놈을 보면서 내 삶을 돌이켜본다. 놈은 힘들면 제 집 속에서 쉬면서 다른 방법을 찾는 모양인데 나는 세상의 높은 벽을 탓하고 좌절하며 숨어 있었다. 쉬면서 바꾸어 생각하면 좋은 방법을 찾을 수 있을 텐데 혼자 가슴 아파했다. 오를 수 없는 길이라면 제 몸의 체액을 바르며 옮겨 가는 달팽이의 노력이 내게는 없었다.

달팽이란 놈이 높직이 올라가서 꼼짝도 안 한다. 다음 그 다음날도 그 자리에 붙어 있다. 나는 그 놈이 물기 없는 욕실에서 두어 달도 잘 버텼다는 것을 잊고 말라죽을 것 같아 일주일을 못 넘기고 그놈의 등에 물을 뿌려주었다. 다음날 예전과 다름없이 더듬이를 움직이며 욕실의 청결상태를 점검하는 녀석을 보고 반가웠다.

이번에는 달팽이가 천장에 달라붙어 있다. 물을 뿌리면 내 얼굴에 다 떨어지는데 놈의 등에는 닿지 않는가보다. 그런 대로 일주일 또 일주일이 지나갔다. 녀석은 몸이 자꾸 오그라들어 껍질 끝 부분이 허옇게 변했다.

거의 한달 쯤 되었나 보다. 녀석이 죽었으려니 하고 관심 두지 않았다. 그런데 그 날은 다른 날보다 일찍 퇴근하였고 그놈이 눈에 띄었다.

60, 70 cm 쯤 되는 막대기를 구해 까치발을 딛고 놈을 떼어냈다. 녀석이 살아난다는 것은 불가능해 보였으나 허실 삼아 놈의 등에 물을 뿌려주었다. 그리고 방으로 들어왔다.

다음날 새벽 욕실에 들어선 나는 달팽이가 움직이는 것을 보고 놀랐다. 오랜 중병을 앓고 갱생하여 비쩍비쩍 걷는 자식 놈을 지켜보는 부모 마음으로 녀석을 지켜보았다. 놈을 밖으로 내보내기로 작정했으나 탱탱 가물어 내보낼 수 없었다. 그런데 마침 오늘 비가 온 것이다.

여기까지 쓴 나는 또 밖에 나왔다. 한 시간이 훨씬 지났는데 녀석은 아직 종이 위를 벗어나지 못했다. 종이를 들고 텃밭으로 갔다. 거기에는 고추도 있고, 가지도 있다. 상추도 자라고 있다. 나는 달팽이를 텃밭에 놓아주었다.

출근할 때 녀석이 아직 그 자리에 있나하고 살펴보았는데, 없다. 녀석은 풀잎 속에 몸을 숨기고 채소를 향하여 기어가고 있을 것이다. 힘들면 제 껍질 안에 들어가 쉬어 가겠지. 어려운 곳을 넘어야 할 때는 제 몸의 체액을 발라가며 기어가리라.

비가 그친 뒤라서인지 오늘은 어느 날보다 쾌청하다. 대문의 빗장을 풀어둔 채 출근하는 내 발걸음도 한결 가볍다. **2001**

지리산 자락에서의 새벽 산책

눈을 떴다. 새벽 4시가 조금 못되었다. 밖으로 나온다. 새벽 공기가 싸늘하다. 덩치 큰 어둠이 앞을 턱하고 막아선다. 선뜻 걸음이 떼어지지 않는다. 팔다리를 쭉 뻗어본다. 그리고 크게 숨을 들이쉰다. 코로, 입으로, 그리고 온 몸의 세포 속으로 어둠이 스멀스멀 기어든다. 삼투작용처럼 농도가 같아진 뒤에야 어둠은 제 품안에 감추고 있던 사물을 하나 둘씩 꺼내어 내게 보여준다. 산도, 나무도, 마을도 어렴풋하게 보인다. 나는 한발 한발 어둠을 향해 걸어간다.

"퇴행성관절염이군요. 닳아진 연골이 다시 재생되지는 않습니다. 더 이상 나빠지지 않도록 조심하십시오. 걷기나 수영 같은 가벼운 운동을 꾸준히 하시고요."

정형외과 의사가 내 무릎 관절을 몇 번 눌러본 뒤 무심하게 던진 말이다.

운동을 해야겠다고 다짐했다. 그러나 쉽지 않았다. 동네를 한 바퀴 돌거나 학교 운동장을 몇 바퀴 돌아봤으나 오래가지 못했다. 끈기 없는 성격 탓도 있지만 살림살이에 묻혀 사느라 운동할 시간을 내는 일이 수월치 않아서다. 또 다람쥐마냥 같은 코스를 도는 것은 정말 재미없다. 크게 무리만 하지 않으면 그런 대로 견딜 만하여 그럭저럭 지냈다. 다리가 아프다고 엄살 섞어 신음을 하면 내게 쏠리던 가족들의 관심도 나쁘지 않았다.

나는 어려서부터 다리가 약했다. 미처 내 상태를 모르는 선생님이 토끼뜀뛰기 벌이라도 준 날이면 택시를 태워 집에 보내야했다. 어머니는 약 식혜를 자주 해주셨다. 다리에 좋다는 엉겅퀴, 쇠무릎, 골단초 같은 여러 약초를 삶아 내어 식혜를 만드는 것인데 쌉쌀하면서도 달착지근했다. 동생들이 먹고 싶다고 하면 써서 못 먹는다며 손사래를 치셨다. 나도 덩달아 얼굴을 찡그리며 억지로 먹는 시늉을 했다. 그 때 먹던 약 식혜 맛이 혀끝에 감도는 듯하다.

결혼을 해서도 다리는 좋아지지 않았다. 삶의 무게가 두 다리에 실리니 더 나빠질 수밖에 없다. 날이 궂으려면 삭신이 먼저 쑤신다. 하루 일이 고단했던 날은 더 심하다. 그런 다음날 아침이면 무릎 여기저기에 파스가 붙어있는 것을 발견하게 된다. 내가 잠든 사이 남편이 붙여놓은 것이다. 아픈 곳은 무릎 안쪽인데 엉뚱한 곳에 파스가 붙어 있을 때는, 아프지 않은 곳까지 붙였다고 짜증을 부렸다.

쓰디쓴 약 식혜를 만들어 주셨던 어머니는 일찍 타계하셨다. 아프지도 않은 곳에까지 파스를 발라주던 남편도 멀리 있다. 엄살 아닌 신음을 해도 들어줄 사람이 없다. 아픈 다리를 주무르며 뜬눈으로 온밤을 새울 때도 있다. 이제라도 운동을 열심히 하는 수밖에 도리 없다.

아침이나 저녁에 산책하는 것은 참 좋다. 아침에 떠오르는 붉은 태양은 장엄하다. 저절로 희망이 솟는다. 잠 못 들어 끙끙거리던 어젯밤의 일도 깨끗이 잊는다. 저녁놀은 아름답고, 매혹적이다. 어딘가 떠나고 싶어진다. 세상 끝까지 걸어갈 수 있을 것 같은 무모한 용기가 생긴다. 아니 늘 마음속에 간직하고 있던 그곳으로 돌아가고 싶다.

구례의 병풍 같은 산이 느지감치 해를 들어 올린다. 단물이 다 빠져 불그스레한 해는 아침부터 지쳐 보인다. 또 저녁에는 익지 않아 시고 떨떠름한 해를 높은 산이 날름 삼켜버린다. 건강 때문에 시작한 산책이었는데 산이 높아 아침저녁 놀을 볼 수 없다고 핑계 대며 심드렁해졌다.

아직 깨어나지 않은 새벽은 신비롭다. 산은 낮의 위엄을 잃고, 있는 듯 없는 듯 어둠 속에 잠들어 있다. 어깨가 가늘게 들썩이는 것 같아 측은하다. 노고단과 성삼재의 불빛도 두어 걸음 아래로 내려와 졸고 있다. 하늘에서 밤새 무슨 일이 있었나 보다. 초저녁부터 서둘러 노 저어가던 조각달이 보이지 않고, 북두칠성과 카시오페이아가 자리를 바꿔 앉아 있다.

낮 동안 숨죽여 울던 계곡 물은 통곡하며 흐른다. 새벽잠을 깬 풀벌레는 제 어미를 찾으며 칭얼댄다. 몽유병에 걸린 가로수들이 자동차가 지날 때마다 놀라 제 그림자를 저만치 밀어냈다가 끌어당기기를 반복한다. 간혹 후미진 길을 걸을 때 오스스 소름이 돋는다. 두려움이 밀려온다. 그것은 아직 떠나지 못한 밤의 정령이 거기 남아있기 때문일 게다.

나갈 때 켜두고 간 내 처소의 불빛이 멀리 보인다. 꾸벅꾸벅 졸면서도 나를 기다려 준 불빛이 등대처럼 고맙다. 2002

별을 보다

시가지를 벗어나 어둠 속을 달리던 버스는 목적지에 나를 내려놓기 바쁘게 달아난다. 버스의 붉은 미등이 아슴하게 지워져간다.

하늘에는 별이 총총하다. 저희들끼리 부딪혀 와스락 바스락 소리 날 것 같이 많다. 밤이 깊어질수록 또렷하게 여문 별들이 까만 비단 위에 차갑고 아름답게 빛난다. 말을 잊은 내가 별을 보고, 말 없는 별이 나를 본다.

구례에 온 지도 한 달이 넘었다. 처음 며칠은 희망하던 곳에서 근무하게 된 것이 너무 좋았다. 고개를 들면 노고단이 바로 보이고, 지리산 줄기가 높직이 일렁거린다. 산수유 꽃에 묻힌 산자락 마을이 정겹고 발 가는 곳마다 선경이다. 손바닥만 한 비알 밭을 일구는 허리 굽은 노인은 당산나무를 닮았다. 개울물은 길손을 맞는 반가움에 돌돌거리며 흐르고, 물소리 따라 산길을 오르면 인적 없는 숲에서 산새가 포르릉 하고 난다. 양지바른 물가에 이름 모를 야생화가 미소를 지으며 숲을 완성한다.

내가 별을 보기 시작한 것은 1년 전쯤 전남의 끝에 자리한 고흥의 조그만 학교에서 근무할 때부터다. 처음에는 여행지에서 새로운 사람들을 만나는 것 같이 즐겁고 가슴 설레었다. 그러나 내가 살던 곳에서 너무 멀리 갔나 보다. 적응하느라 많이 힘들었다. 기후도 많이 다르고 객지에서 온 나는 뚝뚝한 그곳 사람들의 성격에 당혹스러웠다. 결국 주말마다 오고 가는 피로와 현지에 적응하는 어려움이 겹쳐 심하게 병을 앓았다. 그때부터 나는 별을 보기 시작했다. 별이 정말 많았다. 전에 보던 것과는 사뭇 다른 별이었다. 푸른 남해 바닷물에 정갈하게 씻어낸 영롱한 별들이다.

갑자기 떠나게 된 고흥이 그립다. 예상하지 못한 일이다. 해변 곳곳에 숨어 있는 조가비 같은 해수욕장에 다시 가보고 싶다. 꼭두새벽부터 비탈 밭으로 일 나가던 바위 닮은 이웃 아낙이 보고 싶다. 무던히도 애를 먹이던 그곳 개구쟁이 녀석들도 눈에 선하다. 손수 농사지은 것이라며 아이 외할머니가 가져온 맵싸한 마늘 냄새도 그립다. 싫고 좋은 감정 표현이 없던 상사의 얼굴도 기억에 남는다. 그들의 가슴 속에 흐르는 찰진 흙 같은 마음이 그리움이 될 줄이야.

나는 늘 그리움에 가슴 아프다. 자식 놈들은 내 곁을 떠나며 마음까지 추슬러 가져 갔는지 소식이 뜸하다. 친구도 제각기 살기 바빠 내게 떼어주던 마음 한 조각마저 거두어 간 모양이다. 어쩌다 소식을 전하는 친정 피붙이도 그립다. 타계하여 만날 수 없는 사람이 사무치게 그립다. 가슴 아팠던 일은 기억에서 지워지고 생각만 해도 마음이 따뜻해지는 일이 내 안에 차곡차곡 쌓인다.

그리움으로 가슴이 꽉 차서 더 이상 담아둘 자리가 없고 기억이 가물가물해질 때쯤 나도 여행을 떠나게 될 것이다. 그리하여 혹시 별이 된다면, 뒤에 남겨진 그리운 이들이 살아가는 모습을 볼 수 있을 텐데.

고개를 들어 하늘을 본다. 그리고 생각해 본다. 저 별들도 내 생각을 조금은 하지 않을까 하고. 2003

나무

나이 들면서 나무와 풀이 예사롭게 보이지 않는다. 그러나 산, 바다, 강처럼 자연의 일부라 여긴 풀과 나무는 다른 자연물과 사뭇 다르다.

식물도 동물과 다를 바 없다. 태어나고, 자라며, 병들고, 죽는다. 제 속엣 말을 하지 못하고 제 맘대로 움직이지 못 할 뿐 껍질이 벗겨진 작은 생채기에 뚝뚝 생 진(津)이 흐르고, 병들면 누렇게 시들어 간다. 가뭄으로 풀과 나무가 배배 꼬인 것은 그들의 아픔이며 고통이다. 잘려나간 그루터기 옆에 어미를 닮은 어린 나무가 자라는 것은 새로운 탄생이고 종족의 계승이다.

풀은 해마다 새로워서 좋다. 말끔히 풀을 뽑은 뒤 한동안 풀과의 싸움에서 자유로워질 수 있을 것이라는 생각은 뒤돌아서기 바쁘게 무너지고 만다. 한 토막의 줄기나 뿌리, 한 톨의 풀씨가 금세 싹을 틔우고 뿌리를 내린다. 풀에 대한 애증은 겨울 동안 잠깐 내려놓을 수 있어 좋다. 그러나 봄에는 지난 해 잡초와 질기게 싸운 일을 잊고, 어린 녀석들이 곰실곰실 싹 틔우는 모습이 대견하여 허리 굽혀 맞는다.

나무는 풀과 같은 식물이면서도 좀 다르다. 미운 구석이 한 군데도 없이 미덥고 대견하다. 비료를 주거나 물을 주지 않아도 스스로 땅의 중심을 향하여 뿌리를 내려 물과 양분을 섭취하며 살아가는 모습은 정말 믿음직하다. 앉아 있는 자리가 마땅치 않다고 옮겨 앉을 줄도 모르고, 가는 길에 장애가 있으면 맞닥뜨려 대거리 하지 않고 돌아서 간다. 피해갈 수 없으면 몸으로 품어 안아 제살로 만들고 함께 살아간다. 살아온 흔적을 티내지 않고 켜켜이 가슴속에 새기는가 하면, 속을 텅텅 비워내고 허허거리며 살아가는 나무도 있다.

나무는 말이 없어서 참 좋다. 서로들 잘났다고 아우성치는 세상에 제 자랑하지 않으며, 악담도 못하고, 흉도 볼 줄 모른다. 얼굴 붉히고 삿대 들고 쫓아오는 상대를 만나면 제가 먼저 고개 숙이고 비켜 설 줄 안다. 간혹 서럽게 울지만 그것은 나무 우는 소리가 아니다. 망나니짓 하는 바람이 나무에 걸려 울부짖는 소리다. 견디지 못하여 뿌리까지 뽑혀 나뒹굴어도 나무는 누구도 탓하지 않는다.

나무는 온갖 더러운 것 먹고도 싫다 소리 한 마디 안 하고, 제 몸으로 삭히고 걸러서 좋은 것으로 바꾸어 내놓는다. 향기롭고 좋은 것만 골라 먹고도 냄새나는 것만 내 놓는 동물과 전혀 다르다. 못 먹을 것 주었거든 가려먹을 줄 알면 좋으련만 손가락 발가락 오그라들면서도 받아먹는 것은 우리를 믿기 때문이리라. 그러나 백년을 살아 온 나무도 사람의 욕심과 독기 앞에는 아우성 한번 치지 못하고 면면히 이어온 삶을 놓아버리는 어리석은 바보다.

우리의 옛 집은 온통 그 바보 같은 나무로 지었다. 그리고 집안에 그 놈을 닮은 어른이 한분씩 계셨다. 다 부서져가는 용마루와 꺼멓게 그을린 서까래일망정 구부러진 대들보는 허리 굽고 삭신 삭아 주저앉을 때까지 떠받들고 있었다. 믿어주고 안아주며, 들어주고, 끄덕여 줄 뿐 말이 없었다. 사람들은 좁고 허름한 그곳에서 낳고, 자라고, 죽어갔지만 어느 누구도 외롭지 않고 슬프지 않았다.

좋은 세월 만나 서까래도 용마루도 사라져버린 뒤 콘크리트란 괴물을 떠받들고 있기에 구부러진 대들보는 힘이 너무 모자랐다. 이제 나무는 어려서부터 온 몸에 굵은 철사로 휘감겨 뒤틀리게 자라 문갑 위에 앉아 재롱부리는 것이 고작이다. 깎이고 다듬어져 만져 주기를 고대하는 가구나 완구 노릇 밖에 못하는 나무도 있다.

품어주고 참아주던 나무 한 그루씩을 잃은 사람들이 허옇게 털 달린 독한 똥을 싸대는 콘크리트 벽 속에 스스로를 가두었다. 그리고 같이 있으면서 외로워하고 소리 없이 죽어간다.

한 데로 나앉은 나무는 작고 여린 생명들에게 밥이 되어주고, 집이 되어주며, 서서히 무너져 내린다. 나무는 삭아서 부스러기가 된 가슴 속으로 날아온 풀씨 하나를 보듬어 안고 봄을 기다린다. 삭아가는 나무 위에 촉촉이 비가 내린다. 2006

콩 밭에서

장맛비가 계속 내린다. 텔레비전 속의 예쁜 기상 캐스터가 빠른 말씨로 내일도, 또 모래도 비가 내릴 것이라고 예보한다. 나는 추적추적 내리는 비를 맞으며 밭에 들어가 강낭콩을 딴다. 장마 때문에 꼬투리가 여물기도 전에 썩은 것도 있고, 껍질은 멀쩡한데 속에 있는 알맹이가 절반이나 썩은 것도 있다.

내가 살고 있는 관사에 30여 평 남짓 되는 텃밭이 있는데, 뽑아내는 속도보다 훨씬 빨리 풀이 자라 늘 잡초가 무성했다. 그래 적당한 작물을 심으면 풀 뽑는 지겨움도 덜하고 풀도 적게 날거라고 여겼다. 콩은 비료나 농약을 치지 않아도 잘 자라는 작물이어서 완두콩을 먼저 심고 강낭콩, 녹두, 동부, 팥 등을 때맞춰 심었다. 씨앗이 싹트기도 전에 비둘기와 벌레가 제 몫을 챙기느라 바삐 오갔지만 완두콩이며, 강낭콩이 제법 많이 여물어 동료들과 나누어 먹었다.

지금 따고 있는 강낭콩은 지난 4월에 심은 것이다. 가뭄이 극심하여 쉽게 싹이 나지 않을 것 같아 물에 불려 심었는데도 나지 않았다. 며칠 동안 새벽마다 일어나 밭두렁에 물을 주었으나 흙 표면만 젖었을 뿐 씨앗까지 충분히 미치지 못하나 보다. 더구나 한낮의 땡볕이 가소롭다고 웃으며 내가 뿌린 물기를 거두어 가기 때문이다. 바가지로 퍼붓는 물의 힘에 흙이 뒤집혀지고 콩이 흙 밖으로 삐져나왔는데, 마른 콩 그대로다. 간혹 뿌리가 허옇게 난 것이 눈에 띌 때는 그 놈을 얼른 흙으로 덮어 주었다.

며칠 후 흙 딱지가 조금 떠들린 곳을 발견했다. 가만히 흙을 긁어내니, 어린 싹이 땅에 발을 붙이고 등으로 힘차게 흙을 밀어 올리고 있다. 우리는 싹이 난다고 하지만 씨앗은 뿌리가 먼저 난다. 하기야 콩 조각이 그대로 떡잎이 되는 것이니 싹보다 뿌리가 나야 옳다. 어떤 녀석이 땅 위로 먼저 얼굴을 내밀지 궁금하여 나는 밭고랑 사이를 서성였다.

우리는 온갖 정성을 다하여 자식을 보살핀다. 버팀목을 박아주고, 거름을 주며, 곁가지를 쳐주고, 잡초도 뽑아 준다. 우리 아이들은 위로 옆으로 쑥쑥 잘 자란다. 공부를 잘하는 놈도 있고, 컴퓨터라면 전문가를 능가하는 아이도 있다. 피아노는 또 얼마나 잘 치는가. 영어의 물결 따라 우리 아이들은 외국인을 만나도 비록 서툴지만 두려움 없이 영어 몇 마디는 주고받는다.

한낱 작은 생물인 콩도 뿌리를 먼저 내려 제 자리 잡아놓고 싹을 틔우는데, 우리 아이들은 저 혼자 제대로 서 있지 못한다. 머릿속에 든 것이 많아서인지 바람이 심하게 불면 중심을 잃고 흔들린다. 어른이 언제까지나 아이들의 버팀목이 될 수는 없다. 한 가지만 잘해도 살 수 있는 세상이라지만 언제 닥칠지 모르는 폭풍우를 견디려면 깊고 넓게 뿌리를 뻗어야 할 텐데.

우리나라의 많은 아이들은 태어날 때부터 제왕절개에 의하여 힘들이지 않고 세상에 나와서 어려운 일을 못하나 보다. 고무젖꼭지에는 미리 구멍이 뚫려 있어 힘들여 빨지 않아도 우유가 줄줄 나온다. 콩싹처럼 머리로 안 되면 등으로 흙을 밀어 올리며 제 힘으로 세상 밖으로 나왔다면 지금과 같이 조그만 시련에도 비틀거리지 않으리라. 제 어미 젖꼭지를 힘껏 빨아 배를 채웠다면 버팀대도 필요치 않을 것이다.

욕심 부리지 말아야 한다. 세알을 심어 한두 알의 수확만 거둬도 제법 많은 콩을 딸 수 있다. 날 짐승과 땅 짐승이 가져가는 것 이외에, 잦은 비에 썩어버리는 씨앗도 자연에 좀 더 일찍 되돌려주는 것이라 생각한다. 2001

태풍

태풍이 몰려오고 있다. 바람 소리가 바위에 부서지는 파도소리처럼 요란하다. 마당의 나무가 바람에 시달리고 있다. 작은 나무는 아이들이 손가락에 붐비나를 끼고 마구 흔들어대는 것 같다. 큰 나무는 유연성을 자랑하듯 있는 대로 허리를 굽혔다 일어서기를 반복한다. 감나무는 무성한 가지가 휘청거릴 때마다 제법 옹골진 풋감과 데쳐낸 것 같은 잎사귀를 우수수 쏟아놓는다. 바람은 더욱 신이 나서 나뭇가지를 붙들고 크게 비명을 지르며 난장판을 만든다. 하늘엔 먹구름 떼가 쏜살 같이 지나가는데 비가 내리지 않아 다행이다.

환기구 구멍으로 들어간 바람이 광의 함석 문짝을 붙잡고 실랑이를 한다. 나는 광문을 단단히 닫아두려고 나가다가 대추나무를 보았다. 잎사귀 뒤에 숨어 열매를 살찌우던 대추나무는 심은 지 10년 쯤 되었는데 벌써 삭신이 뻣뻣하게 굳었나 보다. 남들 따라 가지를 흔들지도 못하고 잔가지를 뚝뚝 부러뜨리며 울부짖고 있다. 나는 그 모습을 지켜보며 잠시 망설인다.

마당에 대추나무가 두 그루 있다. 한 그루는 땅콩 알만 한 연두색 대추가 제법 많이 열렸다. 그런데 다른 한 그루는 입추가 며칠 남지 않았는데 아직도 꽃이 피고 있다. 그 나무는 열매도 실하지 못한데다 단맛도 덜하다. 스치기만 해도 옷자락을 할퀴는 것은 내남 없는데 그녀석만 고약스럽다며 거슬려했다.

눈엣가시 같은 그 나무는 이웃집 담 밖으로 벋어 나와 회초리만큼 자라 있는 것을 얻어다 심어 키운 것이다. 집을 새로 지을 때 인부들이 공사에 방해가 된다고 베려했는데 극구 말렸다. 그 후 나무장사가 좋은 품종이라고 하도 권하는 바람에 대추나무 한그루를 사서 심었다. 그래 좁은 마당에 두 그루가 자라게 되었다.

대추나무를 양반 나무라고 하는 이도 있으나 참 게으른 나무다. 다른 나무들은 신록이 무성한 4월 말에야 겨우 새싹을 틔우기 시작하고, 시답잖은 대추 꽃이 7월까지 핀다. 처음에는 봄이 깊었는데도 죽은 듯이 서 있는 나무가 걱정스러워 가지의 껍질을 손톱으로 벗겨 파란 속살을 본 뒤 안심하곤 했다. 대추나무는 늦게까지 꽃이 피는 대신 바로 열매를 맺고, 다 익기 전에 먹을 수 있어 좋다.

서너 해 전부터 대추가 열리기 시작했다. 사 심은 나무 열매는 묘목장사 말대로 알이 굵고 달았다. 그런데 얻어다 심은 나무 열매는 알이 작은 데다 달지도 않았다. 어린 나무일 때 쏟은 정성은 간데없고 베어야겠다고 생각하였다. 그러나 내 뜻을 모른 채 나무는 늘 푸르고 싱싱하였다.

열매가 달지 않다고 나무를 베어버리려 하는 것은 잘못이나 맑은 바람을 가지에 걸치고 새를 불러 모아 노래하는 모습으로 만족하기엔 우리 집 마당이 그리 넓지 못하다. 나무가 차지하고 있는 땅에 상추라도 심으면 한여름 찬거리로 안성맞춤이라는 생각도 한다. 앙칼진 가시만 없어도 봐줄 수 있다고 변명도 해본다.

바람은 여전히 파도 소리를 내며 나무를 할퀴고 지나간다. 간혹 푸른 하늘이 구름사이로 얼굴을 내밀고 나를 굽어본다. 나는 범죄자의 얼굴을 하고 톱을 들고 대추나무에 다가선다.

대추나무의 허리에 톱을 갖다 댄다. 단단한 나뭇결 때문인지 톱날은 제자리를 놓치고 여기저기 허옇게 흠집을 낸다. 톱질 소리가 바람소리에 섞인다. 나는 나무가 바람소리 때문에 톱질 소리를 듣지 못하기를 바란다. 태풍에 온 몸이 마구 흔들리는 고통 때문에 허리가 잘려나가는 아픔을 느끼지 못했으면 좋겠다. **2005**

디딤돌

찬바람이 벌거벗은 나뭇가지를 할퀴고 있습니다. 꽃눈은 털옷 깃을 세우고 오들오들 떱니다. 비늘에 쌓인 잎눈도 목을 잔뜩 움츠리고 나뭇가지에 매달립니다. 나뭇가지는 온몸으로 바람을 막아내며 꽃눈과 잎눈을 지켜줍니다.

가을부터 싹을 틔운 작은 풀포기가 햇빛을 향해 팔을 뻗습니다. 오들오들 떠는 손가락이 보랏빛으로 꽁꽁 얼었습니다. 어린뿌리는 언 땅을 헤집고 들어가 물을 길어 올려 풀잎에게 힘을 보탭니다.

개울물은 얼음장 밑에 잠든 진흙탕을 깨우지 않기 위해 조용조용 흐릅니다. 칼날 같은 얼음 사이를 요리조리 피해가며 가만가만 흐릅니다. 저마저 얼어버리면 안 된다고 손가락 발가락 꼼지락거리며 기를 쓰고 흐릅니다.

봄에는 생명이 태어나고 잠들었던 만물이 깨어나 세상이 아름다워집니다. 그러나 겨울 동안 나뭇가지가 바람과 맞서 싸우지 않는다면 벚나무도, 개나리도 꽃을 피우지 못할 것입니다. 겨울의 추위가 무섭다고 민들레가 가을에 싹을 틔우지 않았다면 그렇게 일찍 꽃을 볼 수 없을 것입니다. 개울물이 기를 쓰고 흐르지 않는다면 개구리도 두꺼비도 알 낳을 곳을 찾지 못할 것입니다.

봄은 잠든 만물을 깨워내는 힘을 지니고 있습니다. 그러나 혹독한 겨울이 없다면 벚꽃의 아름다움이 하나도 새로울 것이 없을 것입니다. 노란 민들레꽃도 반갑지 않을 것이며, 찬 물 속에서 오물거리는 올챙이를 봐도 하나도 신기하지 않을 것입니다.

겨울이 닥칠 것을 알면서도 가을에 싹을 틔운 별꽃, 냉이, 꽃다지, 봄맞이꽃의 어린 싹은 누구도 후회하지 않을 것입니다. 아무리 추워도 있는 힘을 다해 살아갈 것입니다. 그렇게 해야만 키 큰 나무가 잎을 내기 전에 꽃을 피우고 씨앗을 맺을 수 있다는 것을 알기 때문이지요.

고난은 더 나은 삶을 위한 디딤돌입니다. 오늘 우리에게 닥친 어려움은 찬란한 봄을 선물하기 위해 하늘이 준비해 놓은 디딤돌인지 모릅니다.

창 밖에 봄이 서성이고 있습니다. 아름다운 봄 말입니다. **2008**

봄 밤

자정이 훨씬 넘었는데 잠이 오지 않는다. 잠자리가 바뀐 데다 저녁 때 마신 커피 때문인 것 같다. 책 속에 눈을 묻어본다. 눈은 글자를 좇아가지만 글의 의미는 머릿속에 들어오지 않는다. 오히려 잡다한 생각이 또 다른 생각을 낳으며 춤을 춘다.

밖이 소란하다. 학교 옆 산업도로를 밤새 질주하는 자동차 소리다. 대형 트럭들이 남쪽 공업단지의 큰 짐을 싣고 달려간다. 낮에도 많은 차들이 왕래했을 텐데 느끼지 못하다가 밤에 들으니 소리도 불빛도 참 요란하다. 아예 문을 열고 밖으로 나온다. 음력 이월 초하루의 어둠이 앞을 막는다. 어둠에 휩싸인 학교 건물이 흉물스럽고, 푸름을 자랑하던 향나무가 시커멓게 다가선다. 낮에는 느끼지 못하던 지형의 작은 높낮이에 나도 놀라고 땅도 놀라 잠을 깬다.

엊그제만 해도 써늘하게 느껴지던 밤공기가 포근하다. 운동장에는 아이들의 재잘거림이 잦아들어 있다. 아이를 떨어뜨리지 않으려고 가로 막대를 움켜쥐고 삐걱거리던 그네는 고단한 두 팔을 늘어뜨리고 쉰다. 은행나무는 높은 가지 끝까지 물을 끌어올리느라 지쳤나보다. 팔을 들어 올린 채 미동도 하지 않는다. 며칠 후면 두꺼운 껍질을 뚫고 새싹이 나오겠지. 교정 곳곳에 엎디어 있는 관사는 숨소리도 없다. 불이 꺼진 지 오래다.

나는 신발을 벗고 두 팔을 들어 올린다. 흙은 아직 차지만 산뜻하고 부드럽다. 작은 돌멩이가 밟히는 느낌이 좋다. 겨우내 추위와 싸우며 싹을 틔운 잡초들이 발바닥 아래서 곰실거린다. 촉촉한 습기가 느껴진다. 그 습기는 다리를 타고 몸통을 거슬러 올라 손끝까지 오른다. 나는 하늘을 향한 한 그루 나무가 된다. 밤마다 운동장의 나무들 속에 두 팔을 들고 맨발로 서 있으면 내 손끝에 새싹이 움틀지 모른다.

저 만치 파출소의 보안등 때문에 잠이 깬 산수유 꽃이 떨잠을 흔든다. 상큼한 꽃향기가 아주 조금씩 밤공기 속으로 흩어진다. 그 옆에 꽃망울을 터뜨리던 홍매도 발그레 미소를 머금고 잠들어 있다. 동백꽃 무리 속에서 선잠을 깬 멧새가 도란거린다.

별은 신의 마음이다. 해가 없는 밤에 작은 등촉을 밝히고 사람들의 세상을 따뜻하게 지켜본다. 작은 별들이 봄밤의 공기 속에 별무리를 만들며 졸고 있다. 마치 옛날 등잔불 밑에서 졸고 있던 할머니 같다. 그만 졸고 누워 주무시라고 말하면 '나 안 졸았다' 하시며 크게 눈을 뜨시던 사랑이 은은히 번지던 할머니의 눈 같다.

높직하고 시꺼멓게 드리워진 차일 구름 같던 지리산 줄기도 잠들어 있다. 산은 산이어서 좋고, 늘 거기 있어서 좋다. 힘든 일상에 지쳐 올려다본 산은 믿음직해서 좋다.

전깃불은 사람이 별을 흉내 내어 만든 것이다. 노고단 휴게소의 불빛은 밤에도 산을 차지하고 싶은 사람이 높이 메 단 별이다. 무수한 불빛이 땅과 사람을 지키느라 지쳐 졸고 있다. 불빛 때문에 산, 들, 나무, 집들은 숙면을 취할 자유마저 빼앗겼으나 산 속에서 길을 잃은 이는 그 불빛을 등대삼아 집을 찾아가리라.

두 눈을 크게 부릅뜬 불빛이 도로 위를 질주한다. 빛은 소리가 되어 오랫동안 도로 위에 남아 들판에 퍼지고, 산자락 밑까지 울린다. 채 가시지 않은 소리 뒤로 또 다른 불빛과 소리가 줄을 잇는다. 남쪽의 봄소식을 북쪽으로 급히 옮기느라 차들이 저리 속력을 내어 달리나 보다.

내가 잠 못 드는 것은 잠자리가 선 탓도 아니고 커피 때문도 아니다. 나를 밖으로 불러낸 것은 자동차의 소음이 아니라 나무와 작은 풀포기들의 새근거리는 숨소리이고, 잠든 멧새가 돌아눕는 소리이며, 나를 사랑하는 별이 나를 불러냈기 때문이다.

차 소리가 더욱 가깝게 들리고, 하늘엔 별들이 졸고 있다. 내일은 기다리던 봄비가 올 것 같다. 2003

4월, 전라선 열차

순천역으로 상행열차가 들어온다. 나는 일주일간의 피로를 꾹꾹 눌러 담은 가방을 들고 열차에 오른다. 내일은 다시 근무지로 내려오기 위해 익산에서 하행 열차를 타야 하지만 지금은 가족이 있는 집으로 간다.

열차 표를 살 때 나는 좌석 번호가 홀수인지, 그리고 동쪽인지 가늠해 보는 버릇이 생겼다. 홀수 번호 자리는 창 쪽이다. 전라선 열차를 타고 동쪽 창 쪽에 앉으면 아름다운 섬진강을 따라 가며 여행할 수 있어 좋다. 오늘은 좌석 운이 따라 주어 동쪽 창 쪽에 앉게 되었다. 누가 전라선 열차를 타게 된다면 웃돈을 주고라도 - 그럴 사람은 없겠지만 - 동쪽 창가에 앉으라고 권하고 싶다.

내 옆자리에 앉아 있던 남자가 새마을 열차인데 너무 느리다고 두

런거린다. 나는 열차가 좀 느리게 가는 것도 좋다고 생각한다. 오히려 지나가는 열차와 교행하기 위해 간이역에 머무를 때는 뜻밖의 횡재를 하는 것 같아 즐겁다.

열차는 순천을 출발하여 긴 터널을 빠져나온 뒤 아름다운 남도의 풍경 속으로 나를 안내한다. 푸른 물이 산의 발치를 휘돌아 흐르고, 그 물길 따라 도로가 출렁이며 달린다. 내가 탄 열차는 도로와 물길을 굽어보며 조용히 미끄러진다. 잘 생긴 산들이 병풍처럼 바짝 다가섰다가 멀찍이 물러서기를 반복하며 파도를 이룬다.

산은 제 각각 다른 색으로 몸치장을 하고 봄의 향연을 벌인다. 산골짜기를 타고 피어오르는 매화꽃 향이 차창 가에 넘실대고, 여기 저기 화사한 꽃비를 내리는 벚꽃나무는 너무 아름답다. 순천에서 소담하게 웃는 목련꽃을 금방 보았는데, 남원쯤 오면 이제 막 비늘 껍질을 벗고 밖을 기웃거리는 새침한 꽃봉오리를 볼 수 있다. 이것은 모두 4월에 전라선 열차를 타면 누릴 수 있는 호사다.

영화를 촬영했다는 압록(鴨綠)역은 특히 아름답다. 강 건너에 정겨운 집들이 이마를 맞대고 옹기종기 모여 산다. 강 물 위에 줄이 늘어져 있고, 조각배가 그림같이 떠 있다. 역이 있는 마을 사람들과 강 건너 마을 사람들이 줄 배를 이용해 내왕하는 모양이다. 이쪽에서 '어이-'하고 부르면 누군가 반가운 얼굴로 뛰어나올 것 같다.

기차는 길고 짧은 터널 속을 들락거리며 섬진강과 숨바꼭질하며 달린다. 지리산 산자락에 가려 언뜻언뜻 보이는 좁은 산길 끝에 있는 산사에서 어느 스님이 목탁을 두드리며 스산한 마음을 달래고 있을 지도 모른다.

남도는 개발붐이 불어 공사 현장이 특히 많은 것 같다. 차별 대우를 받았다는 주민들의 아우성 때문이었는지, 아니면 높으신 어른의 배려 덕택인지 모르겠다. 허리가 허옇게 잘려나간 산도 있고, 터널을 만드느라 산을 뚫어 놓은 곳도 있다. 벌겋게 드러난 산자락에 씌워놓은 푸르뎅뎅한 그물망 속에서 봄이 파랗게 고개들며 속삭인다. 산불로 꺼멓게 탄 산자락에 파릇파릇 움트는 봄은 정말 위대하다. 열차가 호남평야로 접어들면 아파트의 스카이라인이 산을 대신한다. 산은 끝없이 펼쳐진 들판 너머로 멀찍이 물러나 동양화 속의 수묵 담채화가 된다. 보리밭에는 초록 물결이 일렁이고, 안짱다리 신부가 된 배나무와 사과나무는 분홍 화관을 쓰고 있다. 편하게 수확하려고 나뭇가지를 아래로 붙잡아 메어 둔 사람들의 이기심이 잔인하다. 들 가운데 무리지어 서 있는 적송나무들이 굴곡 많은 한국의 역사를 말해주는 듯하다.

밭두렁에서 나물 뜯는 아낙, 개울가에 올챙이 떼처럼 종종 모여 골똘히 물속을 지켜보는 아이들. 강물에서 연신 무엇인가를 건져 올리는 사람, 물가를 징검징검 걸으며 물고기를 찾는 다리 긴 물새, 4월의 태양은 그들의 등을 따뜻이 감싸 안는다.

음악 소리가 들렸다. 열차의 스피커에서 나오는 음악인 줄 알았는데 옆자리 남자가 카세트의 버튼을 눌러가며 듣고 있는 소리다. 부드럽고 감미로운 음악이 조용히 흐른다. 달콤한 목소리의 남성 아리아, 서정적인 음률이 흐르는 바이올린 협주곡, 웅장하면서도 섬세한 교향곡, 그 중엔 많이 들어본 음악도 있지만 내가 모르는 곡이 대부분이다.

창밖의 경치에 취해 있는 나는 감미로운 음악에 녹아든다. 이대로 음악을 들으며 한없이 가고 싶다. 차창 밖 4월의 무르익은 경치에 취하고, 옆자리 남자가 들려주는 음악에 취해 둥둥 떠오르고 있다.

시그널 음악이 흐른다. 뒤이어 익산역을 알리는 안내 방송이 들린다. 나는 번쩍 정신이 들었다. 행장을 꾸리고 남자에게 음악을 들려주어 감사하다는 말을 건넸다. 무슨 소리인가 의아해하는 남자의 시선을 뒤로 한 채 서둘러 출입구 쪽으로 걸어 나왔다.

비록 뽕짝 음악만 즐겨 들을지언정, 내 말을 귀 기울여 들어주고 언제나 따뜻한 시선으로 나를 지켜보는 남편이 빨리 보고 싶어진다. 2001

진주조개

진주는 빛이 없는 것은 아니나 다른 보석들처럼 휘황하지 않다. 그렇다고 색이 화려한 것도 아니고, 제 안의 모습을 내보이는 것도 아니다. 그런 겸손함 때문에 나는 진주를 좋아하지만 진주를 만들어낸 진주조개를 더 좋아한다.

몇몇 문우들의 부추김으로 글에 대한 자신이 생겼다. 그래 추천이라는 절차를 통하여 내 글을 인정받고 싶었다. 중앙에서 발간되는 문예지에 글을 보냈다. 조마조마 기다리던 마음은 계간지를 받아보고 무질리고 말았다. 부끄러워 누구에게도 못한 말을 친구에게 털어놓았다. 그녀는 내 글에 대한 자기 생각을 말해주었다. 그 말을 듣고 소설가 B씨를 떠 올렸다.

B씨의 글은 아픔과 고뇌가 느껴지지 않는다. 대부분 현실과 동떨어

진 감정을 좇아 아름다운 언어들이 한들한들 춤을 추며 걸어간다. 독자는 그 말잔치에 초대된다. 그것이 B씨만의 문체(文體)겠지만 나는 그의 문명(文名)이 매스컴에 오르내려도 크게 감동하지 못했다.

그의 은사가 네 본래 모습을 써보라고 했다는데, 친구도 비슷한 말을 했다. 나의 고민, 생각, 그리고 삶까지도 잘 아는데 글은 그 많은 생채기에서 저만큼 떨어져 있다고 한다. 한숨을 후 하고 내 쉬어야만 가슴속의 답답증이 좀 나아지는 그 많은 고뇌를 쓰라고 한다. 아프면 아프다고 쓰고, 기쁘면 기쁘다고 쓰라고 한다. 그래야 읽는 사람이 감동할 것이라고.

언젠가 뾰루지가 난 일이 있다. 짜내었는데 다시 곪았다. 아픔이 두려워 뿌리까지 짓눌러 짜내지 못했기 때문이다. 딱지가 떨어졌으나 그 밑에 여전히 고름이 남았다. 어설프게 짜내기를 반복하다 결국 더 깊숙이 농이 스며들고 무살이 되어 아픔마저 둔감해졌다. 그러나 그냥 둘 수 없어서 병원에 가서 치료를 받았다.

글쓰기는 진실 찾기인데 나는 진실에서 저만큼 에둘러 지나간다. 거짓말 하는 것은 아니나 겉모양만 그려내고 있다. 이번에는 털어놓아보자고 조심스럽게 다가가지만 무살을 잘라내고 응어리를 뽑아낼 용기가 부족하고, 날카로운 메스도 준비하지 못했다. 습관적으로 발이 멈춘다. 물론 있는 그대로 털어놓는 것이 잘 쓴 글이라고 할 수 없으나 진실 그것만으로도 읽는 사람은 감동할 것이다.

나는 시를 쓰는 것이 아니고, 소설을 쓰는 것도 아니라고 변명해본다. 선혈이 뚝뚝 떨어지는 고뇌를 써야하는 것도 아니고, 나대신 주인

공을 내세워 기승전결의 구조를 갖추어 긴장과 이완을 되풀이하며 독자를 매료시키는 것도 아니다. 아픔을 안으로 삭이고 그 속에서 아름다움을 찾고 싶을 뿐이다.

불현듯 진주조개가 생각난다. 제 살 속에 파고든 이물질 때문에 진주조개는 얼마나 많이 상처 입었을까. 입을 벌리고 토해내면 되었을 텐데 그리 미련하게 제 살 속에 품어 안고 살았는지 모르겠다. 밀어내는 고통이 더 심하기 때문은 아니었을까. 아니 제 속살에 스며든 아픔까지 사랑하게 되었는지 모른다.

진주조개는 결코 진주를 뱉어내지 않는다. 진주는 완성되는 것이 아니기 때문이리라. 나는 아직 여물지도 않은 사금파리 조각을 진주인양 자꾸 뱉어내어 얼마나 완성되었는지 들여다보는 어리석음을 되풀이하고 있으니……. 2001

2부

한지로 문 바르고

한지로 문 바르고

아욱국

그 자리에 서서

가시

잠

뜨개질을 하며

11월의 병

내 자식만 보인다.

송유관이 지나는 마을

매생이와 좀피나물 그리고 소금

한지로 문 바르고

금년 여름은 유난히 비가 잦고, 처서가 지난 뒤까지 더위가 가실 줄 모른다. 그러나 9월에 들어서며 십여 일 가까이 비가 내리더니 기온이 뚝 떨어졌다. 어느새 가을이 성큼 다가와 창밖에 서성이고, 사람들은 문을 닫고 긴 소매 옷을 찾는다.

아직은 바깥쪽 투명 유리 창문만 닫아도 냉기를 막아낼 수 있으나 곧 더 추워질 것이다. 그 때는 안쪽 반투명 유리문까지 꼭꼭 닫아야 할 것이다. 요즈음의 문은 틈 하나 없이 아귀가 잘 맞아 외풍 걱정 안 해도 되고, 밖에서 들리는 갖가지 시끄러운 소리와 먼지까지 막아 주니 좋다. 겨울이 오면 사람들은 안쪽 반투명 유리문까지 꼭꼭 닫아 버리고 다른 사람들의 일에 관심조차 갖지 않을 것이다.

예전에는 가을이 되면 창호지로 문(窓戶)을 바르는 집이 많았다. 해가 좋고 바람이 적은 날을 택해 모기장을 발랐던 지게문이나 창문을 돌쩌귀에서 빼어낸다. 그리고 떼어낸 문짝에 물을 흠뻑 뿌려 불린 뒤 종이를 뜯어낸다. 새 창호지 구석구석에 풀칠을 하여 물기가 마른 문살에 붙이는 것이다. 그리고 풀이 묻은 붓으로 종이 위를 쓱쓱 덧칠해 준다. 그리하면 종이가 마른 뒤 북소리가 날만큼 팽팽해지고 구멍이 덜 나며 외풍도 막아준다. 손잡이 부분이 잘 찢어져 코스모스나, 국화 같은 가을 꽃잎을 넣고 종이를 삼각형 모양으로 잘라 덧바른다. 사람들은 긴긴 겨울동안 문살 사이사이로 얼비치는 꽃잎을 보며 지난여름의 꽃 꿈을 다시 꾼다.

한지로 바른 한옥의 문은 좋은 점이 많다. 바깥 공기와 안의 공기가 소통되어 방안 공기가 항상 신선하다는 점 말고 안에서는 바깥 소리를, 밖에서는 안의 소리를 들을 수 있어 좋다. 채마밭에 비긋는 소리도 들리고, 달빛이 고운 밤에는 섬돌 밑에서 우는 풀벌레 소리와 벗할 수 있어 좋다. 마당에서 일하는 새댁은 방안에 잠든 아기 울음소리가 들리니 마음 조리지 않아 좋고, 시집살이하는 며느리는 시어른의 큰 기침 소리를 금방 들을 수 있으니 좋다. 한지를 바른 문은 가을 햇빛을 걸러내어 노랗게 기름먹인 종이 장판에 한결 더 부드러워진 빛으로 몬드리안의 그림을 그린다. 또 어둠 속으로 번져나가는 불빛의 요기(妖氣)를 순화하여 모두를 감싸 안을 만큼 너그러운 고향의 불빛을 만든다.

그런가 하면 안 보여서 좋은 것도 있다. 밖에서는 안의 모습이 안보여서 좋고 안에서는 바깥 모습이 안보여 좋다. 안에서 낮잠이라도 자고 있을 때 어려운 손님이 들이닥치게 되면 서로 난감할 수밖에 없다. 그런데 한지를 바른 문은 안의 모습이 안 보이니 얼마나 좋은가. 그렇다고 닫고 또 닫은 이중 유리창은 속이 보이지 않는 데는 나무랄 데 없으나 소리까지 차단해버려 동태를 전혀 짐작할 수 없어 어려움을 겪을 때도 있다.

새로 지은 집들은 대부분 여러 가지 효율성 때문에 유리로 된 이중문을 해 단다. 그러나 마음의 문에는 한지를 발라야 한다. 그리하면 다른 사람 마음의 소리까지 잘 들을 수 있고, 누가 들을까봐 말을 함부로 내 뱉지 않게 될 것이다. 또 피차간에 민망한 모습을 보지 않을 수 있으니 얼마나 좋은가.

이 가을 꼭꼭 닫아두었던 마음속에서 이중 유리 문을 떼어내고 꽃잎을 넣어 창호지로 바른 문을 달아야겠다. 2007

아욱국

시장에서 아욱을 한 다발 샀다. 대가 새끼손가락 굵기는 된다. 우듬지만 뚝 잘라온 것인데 아주 연하고 부드러워 보인다.

문득 지난 일이 생각난다. 서리가 내릴 무렵 우리 반 아이 어머니가 아욱 한 다발을 보내왔다. 서리 아욱국은 사위 오면 준다는 말도 있고, 숨어서 혼자 먹는 다는 말도 있다. 그만큼 맛있다는 말일 게다.

혼자 먹어봤자 국 한 그릇인데 그걸 먹자고 요란을 떨며 끓이자니 번거롭고 귀찮은 생각이 든다. 버릴까 했으나 그걸 보낸 아이 엄마 마음을 버리는 것 같아 선뜻 내키지 않았다. 마침 관사에서 사는 교사가 다섯인데, 아욱국을 끓여줄 테니 드시겠느냐고 물었다. 스물 댓 된 처녀 교사 둘은 아직 아욱국의 구수한 맛을 알 만큼 삶의 연륜이 쌓이지 못했다. 그녀들은 자기들끼리 모임이 있다며 읍내에 나갔다.

아욱국은 다른 채소국과 끓이는 방법이 다르다. 먼저 줄기와 잎자루의 껍질을 벗겨내고 씻는다. 그리고 홈이 있는 그릇에 박박 문질러 충분히 으깬다. 거친 줄기를 걷어내고 걸쭉한 녹색 풀물도 받쳐낸다. 거품도 가능한 한 깨끗이 걷어낸다. 아욱 대궁은 버리지 않고 그대로 사용하면 연하고 부드럽게 씹혀 좋다. 속쌀뜨물에 멸치를 우려내고 바구니에 모아진 잎사귀를 넣고 된장을 풀어 끓이면 된다. 새우 살이나 꽃게 알을 풀어 넣고 끓이면 맛이 일품이다.

쌀뜨물도 없고, 게 알도 없었지만 마침 말린 중하 한 보시기가 있었다. 생새우가 아니어서 서운하나 통통하게 살이 든 중하는 맛을 내는데 한 몫 했다. 국물에 수제비를 조금 떠 넣었더니, 부드럽고 구수한 맛이 살아났다.

내 나이와 엇비슷한 교사들을 초대했다. 백 선생은 내가 늘 신세 지는 사람이다. 학교에서 순천역까지 한 시간이 넘게 걸리는데 토요일마다 나를 데려다 준다. 열차 출발 시각이 임박하고 차가 막히면 나보다 더 조급해했다. 집이 순천이고 가는 길이니 미안할 것 없다고 하지만 객지에서 온 나에 대한 고마운 배려다.

아욱국만 끓이려다 밥과 반찬도 준비했다. 가을 저녁의 썰렁한 바람이 창문을 흔들고 지나간다. 모두 맛있게 먹었다. 토담집에서 살던 옛날에 어머니가 끓여 준 아욱국을 추억했다.

아욱국은 비록 하잘 것 없는 된장국이지만 거기에서 어우러짐을 배울 수 있다. 낱낱으로 풀어진 잎파랑이가 된장과 멸치가 아우른 쌀뜨물에 섞이며 하나가 되어 부드럽고 구수한 맛을 낸다. 충남에서 온 내가 전남 고흥에서 그곳 사람들을 만나 그들의 배려 속에 어려움 없이 살아가고 있다.

냄비를 들고 국물까지 훌훌 마시는 그들을 보며 아욱국을 좋아하는 남편이 생각났다. 간혹 남편에게 따끈한 찌개나 국을 끓여다 준다는 이웃의 정구 할머니도 생각난다. 주말에 집에 가면 아욱국을 맛있게 끓여 대접해야겠다.

아욱국이 보글보글 끓는다. 정구 네도, 혼자 사는 김 노인 댁에도 한 냄비씩 담아다 드려야겠다. 2002

그 자리에 서서

나는 어머니를 싫어했다. 왜 그렇게 사느냐며, 나는 절대 그렇게 살지 않겠다고 큰 소리를 쳤다. 자식만을 위해 살다 가신 짧은 삶.

어머니가 불치의 병에 걸려 회복이 불가능한 것을 알았을 때도 나는 어머니를 미워했다. 왜 진작 자신을 돌보지 못했느냐고. 자신을 돌보는 것이 자식을 위하는 것인지 왜 몰랐느냐고. 손가락 마디마디 갈라진 곳에 반창고를 붙여야만 머리털이 서는 것 같은 아픔을 견딜 수 있었던 그때도 그 손으로 논일 밭일을 해야 했던 어머니를 나는 미워했다. 일하기 싫어하는 우리를 혼내서라도 시킬 일이지, 왜 혼자서만 하느냐고 어리석다고 했다. 옷 투정, 반찬 투정에 길든 우리를 무엇 때문에 꾸중 한 번 못하느냐고, 그걸 가지고 어머니를 미워했다. 잔칫집에서 음식 몇 가지를 손수건에 싸 와서 우리에게 내미는 어머니의 궁

색한 모습을 싫어했다. 남의 논배미 벼 수확하는 소리에 등 돌리고 앉아 있는 아버지가 뭐가 대단하다고 죽은 듯이 복종하며 사느냐고 그것까지 싫어했다. 숟가락 놓기 서운해 하는 막내아들에게 당신의 밥을 덜어 주고 숭늉으로 배를 채우셨던 어머니의 배고픔을 번연히 알면서 그것은 어머니 몫의 삶이라고 외면해 버렸다. 그리고 또 어머니를 미워했다.

후제 너도 자식 낳아 길러보면 이 어미 맘 알거라며 어머니는 속으로 앙 다물린 내 마음에 가끔 서운해 하셨다. 그래도 아들 둘에 딸 둘 허실 없이 한 구들에 모여 앉히고 거친 보리밥이라도 배불리 먹일 수 있는 때 어머니는 행복해 하셨다. 수업료 제때 못 내서 시오리 길을 걸어서 집에 쫓겨 온 아들에게 어머니는 부모 잘못 만나 고생한다며 미안해하셨다. 그런 어머니가 나는 정말 싫었다. 공부도 잘하지 못하는 우리를 당장 학교 걷어치우게 하고 공장으로 보내면 어머니의 어깨가 한결 가벼워질 텐데 왜 그렇게 우직하게 학교로 내모는지 모르겠다고 어머니의 어리석음을 미워했다. 학교 다녀 봤자 가난하고 배경 없는 우리들에게 무슨 희망이 있겠느냐고 어머니의 마지막 희망에 못을 박았다.

아버지가 듣지 않는데서 "이 웬수"를 연발하면서 결코 한 번도 거역하지 못했던 어머니는 마지막 가시면서 아버지를 걱정하셨다. 시절을 잘못 만난 네 아버지를 불쌍히 여기고 내가 간 뒤에도 잘 모시라 하셨다. 어머니를 죽게 한 것은 아버지이고 우리가 가난하게 사는 것도 모두 아버지의 무능 탓인데, 죽어가는 엄마가 불쌍하지 아버지가 왜 불쌍하냐고 어머니의 어리석음을 탓했다. 그리고 아버지를 미워하는데 남은 시간을 다 허비해버렸다.

나는 가난이 싫었다. 그리고 그 가난 속에서 허우적거리다가 사위어 가는 불씨 같은 어머니의 초라한 모습이 싫었다. 학교 도서관의 책 속에 숨어 있다가 컴컴해진 뒤에야 돌아온 나는 지친 어머니의 얼굴을 외면해 버리곤 했다.

이제 어머니의 나이가 되어 있는 지금, 나는 문득 자신 안에 존재하는 어머니 모습과 만나게 된다. 절대로 어머니처럼은 살지 않겠다고 미워하고 싫어했던 바로 그 어머니의 모습과…….

자식에 대한 눈먼 사랑을 하는 어리석은 어미 모습이 되었다. 공연히 뾰로통한 나를 보고 당신의 잘못 때문이 아닐까 걱정하셨던 어머니를 내 안에서 만나게 되었다. 신경통으로 고생하면서도 자식의 감기까지 대신 앓고 싶어 했던 모습 그대로를 발견한다. 반반한 입성하나 없어 초라해 보이고 그래서 싫었던 어머니를 거울 속에 비친 내 모습에서 만나게 되었다.

내가 가장 사랑했던, 그래서 미워할 수밖에 없던 어머니의 모습과 오늘도 문득 만나게 된다. 어머니로 사는 것밖에 모르셨던 어리석은 우리 어머니를. 1998

가시

며칠 전 시장에서 물 좋은 갈치를 샀다. 은빛 몸체가 금방이라도 물을 가르고 헤엄쳐 달아날 것 같이 싱싱한 놈이다. 소금을 뿌려 양지쪽에서 꾸들꾸들 말린 다음 석쇠에 구웠다. 온 집안에 고소한 갈치구이 냄새가 진동했다. 저녁 밥상에 놓인 갈치구이는 금방 동이 나고 말았다.

잔가시를 발라내기 귀찮아 혀의 감각만 믿고 살점을 입에 집어넣은 것이 잘못이다. 그만 가시가 목구멍에 걸리고 말았다. 가시를 뱉어내려고 몇 번이나 칵칵거려 보았으나 쉽사리 나오지 않는다. 김에 밥을 싸서 씹지 않고 꿀꺽 삼켜보아도 허사다. 가시는 목구멍의 어느 한 자리에 박혀 물 한 모금만 마셔도 나를 괴롭혔다. 다행히 못 참을 정도로 통증이 심한 것은 아니어 병원에 가지는 않았다. 언젠가는 빠지려니 하고 기다리며 음식을 넘기자니 껄쭉거려 괴로웠다. 가시는 나의 일부가 되어 한동안 나와 함께 지냈다. 음식을 삼킬 때, 물을 마실 때 자신이 여기 건재하다는 것을 알려주듯 통증을 일으키곤 하였다. 그런데 어느 때부터인지 나는 더 이상 아픔을 느끼지 않게 되었다. 목구멍에 박혀 있던 가시가 음식을 삼킬 때 함께 휩쓸려 식도 쪽으로 넘어가고 만 것 같다. 아니면, 내 몸이 가시를 오래 품고 있어 이물질로 인식하는 것을 잊었는지 모르겠다.

막내 녀석은 무엇이든지 엄마 때문이란다. 키가 자라다가 정지해버린 것도 부모가 작기 때문이며, 성적이 오르지 않는 것도 부모의 머리가 유전되어서 그렇단다. 심지어 허벅지가 굵은 것도 엄마 탓이란다. 그럴지도 모른다. 학창 시절 나는 무던히 노력했으나 성적은 늘 그저 그랬다. 키도 남들만큼 크지 못하다. 녀석의 말 한마디 한마디가 가시가 되어 내 목구멍에 걸리고 가슴에 맺힌다.

문득 지난 시절 부모님 가슴에 무수히 가시를 박아 놓았던 내 모습이 떠오른다. 이즈막에야 안 일이지만 아버지는 어떤 사상에 연루되어 내가 어릴 때 실직한 후 이렇다 한 직업을 가져본 일이 없으시다. 자연히 생활은 어머니 몫이었다. 어머니는 항상 지쳐 계셨고 우리는 언제까지 철없는 자식이었다. 나의 불만은 언제나 어머니를 향해 폭발하였다. 남들 다 가는 수학여행은 고사하고, 참고서 한 권 살 수 없는 것은 다 부모가 무능하기 때문이라고 생각했다. 심지어 내 얼굴이 예쁘지 않은 것도 어머니를 닮아서 그렇다고 철없는 투정을 부렸다. 그런 것들이 모두 가시가 되어 어머니의 몸에 박혔으리라. 그러나 어머니는 모든 투정을 넓은 가슴으로 품어 안아 당신의 몸을 거쳐 사랑으로 승화해 내셨다.

나는 목에 가시 하나만 걸려도 못 견딜 것 같고, 막내의 투정 한마디에도 가슴이 아프다. 당신의 힘으로 불가능한 일인데도 투정을 부리던 나의 철부지 행동에 어머니는 얼마나 가슴 아팠을까 생각하니 뒤늦게 목이 멘다.

내 가슴에 박힌 막내의 투정이 비록 가시가 되었으나 부패하지 않고 녀석에 대한 사랑으로 자리 잡아 간다. 아직은 어머니처럼 가슴속에 박힌 가시를 품어서 진주를 만들어 내지는 못하지만. **2001**

잠

어릴 적에 누에치는 것을 본 일이 있다. 누에고치를 팔면 수입이 짭짤하다는 말에 어머니는 텃밭머리 몇 그루의 뽕나무를 믿고 누에치기를 시작하셨다. 누에가 어릴 때 뽕잎을 대는 일은 어렵지 않다. 그런데 놈이 세 잠, 네 잠을 자고난 뒤는 먹이를 감당할 수 없었다. 급기야 머리를 치켜들고 흔들어 대기 시작하는데 마치 먹이를 달라고 아우성치는 것 같았다. 구지뽕 나뭇잎까지 찾아다니던 어머니는 녀석들을 잠재우기 위해 결국 남의 뽕밭에 발을 들여 놓으셨다. 녀석들이 섶에 오른 뒤에야 편히 잠든 어머니의 모습이 번데기처럼 쪼그라들어 보였다.

새벽 두시가 넘었는데 잠이 오지 않는다. 다른 날 같으면 저녁 9시 뉴스가 끝나기 전에 자리에 누워 천장의 사방 연속무늬를 헤아리다 일찍 잠들곤 했다. 간혹 텔레비전을 켜둔 채 잠드는 때도 있다. 이런

초저녁 잠 버릇은 몇 년간 객지 생활하며 시작된 것이고, 나이 들어 새벽잠이 없어진 탓이기도 하다.

불을 끄고 눈을 감는다. 무채색의 무늬들이 눈앞에 어른거린다. 수를 헤아린다. 백까지 세고, 또 백까지 센다. 그리고 몇 차례 더 헤아렸는데 의식은 말똥말똥하다. 숫자를 세는 사이사이에 온갖 생각이 끼어든다. 딸아이 생각, 아들놈들 생각, 그리고 남편 생각, 더 나아가서 친정 피붙이들 생각까지.

나는 애써 집 생각을 뒤로 밀고 낮에 있었던 일을 떠올린다. 오늘 때려 준 우리 반 놈, 그 녀석은 장래 희망이 거지라고 해서 때렸지. 그 놈은 두어 달 전에 서울에서 전학 온 놈인데, 무슨 생각으로 거지가 되고 싶다고 했을까. 제 말대로 장난인 것을 내가 민감하게 반응했던 것일 게야. 아니 아홉 살짜리가 무소유의 깨달음을 일찍 터득했는지도 모를 일이다. 첫째 시간이 끝나갈 무렵 책상 위에 토악질해 놓은 녀석, 그 녀석은 왜 그리 자주 토하는지. 쏟아놓은 오물을 치우면서 듣기 싫은 소리 한두 마디 내뱉었을 것이다. 원해서 한 일도 아니었을 텐데 어린 녀석이지만 몹시 무안했겠지. 그보다 더 안좋은 일도 있었다. 나보다 댓살이나 젊은 교감이 원로 교사가 많아 업무에 속도가 붙지 않는다고 오금을 박았다. 꼭 나더라 한말은 아니지만 평소 지나칠 만큼 정중하게 인사하던 것과는 딴판이었다.

얼굴 근육이 실룩거려진다. 정확히 말하면 눈가 근육이다. 중풍의 전조가 아닌가 싶다. 후딱 눈을 뜬다. 괜찮다. 다시 눕는다. 이번에는 두 손을 배 위에 올려놓는다. 그리고 숨을 크게 들이쉬었다가 내 쉰다. 배가 오르락내리락 할 정도로 깊이 숨을 쉰다. 억지로 눈을 감았는데 아까처럼 눈가 근육이 실룩거리지 않아 다행이다. 하나 둘 셀 때의 짧은 시간 사이에도 잡념이 끼어들었는데 숨을 들이쉬었다 내 쉴 때까지의 시간은 조금 더 긴데도 잡다한 생각이 끼어들지 않는다. 들숨과 날숨의 경계선 어디쯤에서 잠깐잠깐 수면으로 빠져드는 것을 느낀다.

어린 시절 밤을 꼬박 새고 공부한 후 창호지 문이 부옇게 밝아올 때 그날은 점수를 잘 맞을 것 같아 좋았다. 해가 너무 빨리 뜨는 것 같아 조바심 대던 때도 있었다. 그런데 지금은 왜 이리 잠자려고 안간힘을 쓰는 것일까. 잠을 자지 못하면 단지 다음날 업무에 지장이 생길까 걱정되어서 일까. 온갖 방법을 동원하여 잠들고 싶어 하는 것은 오늘을 잊기 위함일 게야. 화나고 지친 눈과 머리를 진정시켜 명징한 새날을 맞고 싶어서고, 잠을 못 잔 다음날 맞는 아침은 젊은 시절과는 확연히 다르다는 것도 알기 때문이다.

잠들기 원하면서도 잠깐씩 수면 세계로 빠져드는 것을 느낄 때 나도 모르게 서둘러 의식의 끈을 붙잡는다. 죽음도 이렇게 찾아오는 것이 아닐까? 삶과 죽음의 경계선을 조금씩 넘나들다가 의식의 끈을 잡아당길 힘이 없어지면 놓아버리는 것은 아닐까.

누에란 놈은 잠들면 극성스러운 먹성도, 한 시도 쉬지 않던 꿈틀거림도 멈춘다. 잠을 자고나면 부쩍 자란 모습이 신기하다 못해 징그럽다. 네 번째 잠을 잔 뒤 실컷 뽕잎을 먹고 나서 고치를 만들고 고치 속에서 마지막 잠을 잔다. 그리고 드디어 하얀 두 날개가 생겨 날아간다. 누에는 그 마지막 모습을 위하여 한시도 쉬지 않고 먹고 잠자기를 되풀이했으리라. 그러나 고치에 구멍이 뚫리면 상품가치가 없어져 서둘러 매상하기 때문에 누에나방이 눈부시게 나는 것을 보기는 쉽지 않다.

나는 벌떡 일어난다. 그리고 방안의 전등을 밝힌다. 직육면체만큼의 어둠이 도려내진다. 그 빛 속에 내가 있고, 방안에 내려앉은 정적이 내 움직임 따라 출렁거리고 내가 머물고 있는 순간의 시각이 거기 있다.

아름다운 비상(飛上)을 위하여 나는 잠자기를 원하는 모양이다. 그러나 나방이 되어 날 수 있었던 누에는 고치 속에서도 잠들지 않았던 놈이었을 것이다. 2003

뜨개질을 하며

뜨개질은 지난 기억의 시간을 짜 올려 새로운 추억을 만들어 내는 것이다. 여름옷을 정리하여 장롱 속에 넣으려다 서랍장 깊숙이 처박혀 있던 딸아이의 스웨터를 찾아냈다. 내가 털실로 짜주었는데 처음에는 따뜻하다고 잘 입고 다니더니 언제부터인가 보이지 않던 것이다.

스웨터는 처음 뜨는 것이라 이웃 영이 엄마한테 묻고, 틀리면 풀어서 다시 짜기를 반복했다. 한 올 한 올 실을 짜 올라가며 품은 맞을까, 길이는 적당한지, 여러 차례 가늠하면서 딸아이와 가깝게 이야기를 나눌 수 있었다. 첫 솜씨라 자연히 거칠게 짜졌는데도 따뜻하다며 그 옷을 즐겨 입었다. 그리고 친구들에게 엄마가 떠준 옷이라고 자랑을 했단다. 엄마의 사랑을 입었다고 좋아하였다.

불현듯 오래 전에 어머니가 짜주셨던 스웨터가 생각난다. 어머니는 겨울이면 늘 뜨개질을 하셨다. 작아진 우리의 털실 옷을 풀어서 다시 뜨셨다. 내가 입던 빨간 스웨터는 동생 놈의 조끼가 되었고, 그 놈이 입던 옷은 갓난이 바지가 되기도 했다. 그런데 어머니는 새 털실을 사시는 일이 거의 없었다. 부족하면 흰 무명실이나 검정 무명실을 섞어 뜨개질을 하셨다. 자연히 단색 옷이 아니라 검정이나 흰색이 섞인 옷이 되는 것이다. 날긋거리던 실올은 새 무명실을 의지 삼아 이태는 너끈히 견디며 우리들의 겨울을 녹여주었다.

나는 얼마 전까지 그렇게 여러 색이 섞여서 짜인 니트 종류 옷은 좋아하지 않았다. 가난한 시간이 돌이켜 기억되기 때문이다. 나는 실이 부족하면 비슷한 털실을 보태거나 그도 없으면 다른 색 실을 구해서 줄무늬를 넣는다. 어머니처럼 색이 다른 실을 섞어 쓰지 않았다. 딸아이는 내 방법보다 애초부터 잘 어울리는 색을 섞어 쓰는 것이 좋다고 권한다. 그래도 내 눈에는 예뻐 보이지 않는다.

뜨개질은 한 줄의 털실로 코를 만들고 그 코를 얽어 엮어 가는 것이다. 어딘가에서 한 올을 빼먹고 짜 올렸다면 그 곳까지 풀어 내려가 빠진 코를 찾아 다시 짜 올라와야 한다. 만약 무늬를 넣어 뜨개질을 할 때면 바짝 정신을 차려야 한다. 한 번 틀리면 계속 어긋나기 때문이다. 이 한 코쯤이야 하고 그냥 넘겨버리면 옷을 입는 내내 후회하게 된다.

조금 전까지 입던 옷을 풀어버리면 한 뭉치 실로 변한다. 그러나 스웨터였던 때의 기억을 잊지 않고 있어 구불구불하다. 그 실로 그냥 옷을 뜨게 되면 모양새가 좋지 않아 빈 분유통에 털실을 감고 수증기로

쩌낸다. 털실은 조금 전까지 지니고 있던 기억을 모두 잊어버린다. 나는 새롭게 바뀐 털실을 이용하여 전에 없던 새로운 옷을 만들며 새로운 기억을 만들어 간다.

한 올 한 올을 짜 올릴 때마다 이 옷을 입었던 딸아이 생각을 한다. 그 녀석이 소리를 크게 내고 웃던 모습, 귀찮게 쫓아다니는 동생을 떼놓고 달아나던 아이의 실팍한 엉덩이, 그리고 사춘기 시절 무던히도 속을 썩이던 일, 녀석의 아픈 마음을 돌봐주지 못했던 무심한 잘못, 모두 아픔으로 남는다. 아이는 이 옷을 벗어 던지고 훌훌 내 옆을 떠났다. 더 넓은 세상에서 새로운 사람을 만나 새로운 삶을 살아가리라.

아이의 옷은 내 옷으로 새롭게 변해 늘 나와 같이 있을 것이다. 나는 옷을 입을 때마다 그 옷을 입고 행복해하던 아이의 환한 웃음을 기억할 것이다.

나는 너를 사랑한다. 아마 그 사랑은 내가 끝까지 지니고 가야 하는 아픔인지도 모르지만. 2003

11월의 병

11월은 가을이라고 하기에 너무 늦고 겨울이라기엔 좀 빠른 달이다. 풍요를 거두어낸 들판이 긴 동면의 세계로 들고 나무는 추위를 이겨낼 힘을 모으느라 마른 잎새마저 떨어뜨린다.

나는 지금 병을 앓고 있다. 병원에 가서 주사를 맞아도 소용이 없고 약을 먹어도 낫지 않는 고약한 놈이다. 가슴에 큰 구멍이 뻥 뚫리고 그 상처가 쓰리다. 끈에 매달린 채 싸늘한 바람에 대롱거리는 것 같다. 어디서부터 시작되었는지 알 수 없는 통증은 날이 갈수록 더해간다. 가슴 밑바닥부터 흔들리는 이 병은 무엇으로 고칠 수 있을 것인지 가늠되지 않는다.

어둠이 내리고 찬바람이 창문을 흔들어댄다. 나는 빈껍데기로 서서 밖을 본다. 하늘엔 청회색 장막이 드리워지고 어둠이 짙어갈수록 가로

등이 도드라져 제 영역을 확보해 놓는다. '오마'고 한 이도 없고 불현듯 찾아와 줄 반가운 사람이 가까이 있는 것도 아닌데, 나는 온몸의 촉수를 창밖에 내놓고 서성인다. 마음이 허허해지는 것은 멀리 떨어져 있는 자식 놈에 대한 걱정이고 집에 갈 때마다 더 늙어 보이는 남편에 대한 연민이다. 그러나 그것만은 아닌 것 같다. 마치 놀이 공원에서 바이킹을 탈 때와 같은 느낌이다. 중심은 저만치 꼭대기에 놔두고 몸만 나락으로 떨어져 내리듯 마음은 어딘가를 서성이고 나는 여기 껍데기로 남아 있다.

내 본연의 모습은 어디에서 놓치고 여기까지 달려왔을까. 유년 시절 어머니의 치마폭에 두고 온 것은 아닐까. 소녀 시절의 빳빳하게 풀 먹인 흰 깃 속에 진실을 두고 온 듯도 하다. 쓸데없는 욕심과 허영이 나를 차지해버린 어느 시절에 진실을 놓쳤으리라. 그때가 언제였을까. 지금 생각하니 한낱 물거품에 지나지 않는 것을 움켜쥐느라 소중한 것이 손가락 사이로 빠져나가는지도 몰랐다.

전에도 11월에 이 같이 가슴앓이를 했는지 돌이켜본다. 지금처럼 절실하지 않아도 이맘때쯤은 늘 심란하였다. 해가 설핏한 저녁 스산한 바람소리 속에 묻혀 들리는 엄마의 아이 부르는 소리, 불을 밝히고 지나가는 시내버스 속 늙은 가장의 고단한 얼굴, 추수가 끝난 뒤 덤불을 태우는 하얀 연기가 들판에 낮게 깔릴 때 나는 서글픔을 느낀다. 더 어두워지기 전에 서둘러 떠나야 할 것 같았다. 토담 너머 나를 부르는 어머니 목소리가 들리는 고향으로 돌아가야 할 것 같고 황홀한 석양에 가슴 설레던 시절로 돌아가야 할 것 같았다.

금년 초에 나는 멀리 남쪽 끝으로 둥지를 옮겼다. 나태한 일상에서 벗어나보면 갈수록 깊어지는 이 병증에서 벗어날 수 있을까 싶었다. 나 자신과 맞닥뜨려 참된 모습을 찾아보고 싶었다. 그러나 아직도 나의 정체성을 찾지 못하고 지금은 전과 다르게 변형된 11월의 병을 앓고 있다. 격리된 듯한 외로움에 익숙해질 때도 되었는데 상대도 없는 그리움에 지쳐간다. 이유 없는 슬픔 때문에 당혹스럽다. 목적지가 없는데도 출발이 늦지 않을까 초조하다.

색채와 형체가 제 각각인 물체들이 거부할 수 없는 어둠 속으로 육신을 풀어헤치고 스며들어간다. 먼 산은 회색빛 어둠에 소리 없이 잦아들고, 앞산은 까맣게 웅크리고 눈앞에 바짝 다가선다. 맨 마지막까지 받아들이지 않으려 안간힘을 쓰던 하늘도 어둠을 품어 안으니 맞서 버틸 때보다 오히려 편안해 보인다. 밤이 깊어갈수록 하늘의 별이 빛난다. 어둠 속에 가라앉던 집들이 벌떡 일어나 하나 둘 불을 밝힌다. 가족들은 낮 동안의 힘든 짐을 벗고 하나하나가 불빛이 된다. 그리고 삶이 거기 존재하며 그것이 가장 소중한 것임을 일깨워 준다.

12월이 눈앞에 다가오고 있다. 다행히 내 병은 11월이 지나면 웬만큼 진정된다. 상처에 더께가 내려 아픔에 둔해지고 익숙해진 때문이겠지만 추위를 이기고 살아남아야 한다는 생명 연장의 욕구가 강해지기 때문이리라.

나는 코앞까지 몰려 온 어둠을 인정하고, 전원 스위치를 누른다. 그리고 새봄을 맞을 만큼의 빛을 확보해놓는다. **2001**

내 자식만 보인다

내가 그러리라고 전혀 예상하지 못한 일이다. 멜로드라마에 나옴직한 시어머니자리가 되리라고 전혀 예상하지 못했다. 아집이 가득한 얼굴로 아들이 좋아하는 여자를 반대하는, 그래서 결국 헤어지게 만든 못된 그런 여자가 되리라고 손톱만큼도 생각하지 못했다.

아들 녀석이 여자 친구가 있다고 말한 것은 벌써 여러해 전이다. 녀석이 처음으로 사귄 여자로 알고 있는데, 썩 내키지 않았다. 처음부터 마음을 다 주지 말라고 당부하는 말 속에 마뜩찮은 속내를 담는 것으로 그쳤다. 아들 녀석도 아직 그럴 마음은 없다고 했다. 그리고 두어해 지난 뒤에 그 여자 아이를 집으로 데리고 왔다. 아들의 졸업식장에서 봤을 때는 늘씬한 키에 예쁘장한 아이라고 생각했는데, 막상 집에 데리고 오니 그때와 또 다른 시선으로 그 아이를 보게 되었다.

여자 아이는 부모가 없다. 피붙이라고는 결혼하지 않은 언니 하나뿐이라고 했다. 양친은 오랜 병고를 치르다 돌아가셨다 하니 자매가 얼마나 힘든 세상을 살았을까 하고 안쓰러운 마음이 들어야 마땅한데 그러지 못했다. 어떤 이는 가족이 많으면 복잡하고 번다한 일도 자주 일어나니 단출한 것이 훨씬 좋지 않으냐고 말했다. 허나 우리 아이에게 무거운 짐이 지워지는 것 같아 내키지 않았다. 그런데 지금 생각하면 당사자의 잘못도 아니고 어떻게 해볼 수 없는 조건만 내세웠다는 생각이 든다.

내 아들이 처가에 가면 반갑게 맞아줄 장인 장모가 있었으면 좋겠다. 그다지 좋은 엄마가 못되었던 내 대신 따뜻한 품을 가진 장모가 있어 우리 아이가 그 사랑을 받으며 살면 좋겠다. 가끔은 지나칠 정도로 아픈 데, 가려운 데를 찾아 어루만져줄 수 있는 어머니가 계신 아가씨가 우리 아들의 아내가 되었으면 좋겠다.

남편은 극구 반대했다. 결혼식을 한다 해도 예식장에 가지 않겠다고 하였다. 남편의 원색적인 반대는 부모 없고 가진 것 없는 처녀라는데 바탕을 두고 있으니 참 추한 모습이었다. 불행히도 우리 부모도 일찍 작고하셨다. 중매로 결혼하여 낯선 집에 온 나는 마음 둘 곳이 없어 힘들었다. 나와 너무 비슷한, 마음이 가슴 속에 갇혀 옹이가 되어 잘 웃지 않고 삶을 다 살아버린 얼굴을 한 며느리를 보고 싶지는 않았다. 많이 웃으며, 밝고 구김살 없이 자란 아이가 우리 아들의 배필이었으면 했다.

"그래, 결혼해라. 아빠가 안 가시면 나 혼자라도 결혼식장에 가주마."

승낙 아닌 승낙이었다. 그리고 일 년여 시간이 지났다. 아들 녀석도, 나도 결혼에 대해서 이야기를 나누지 않았다. 아니 결혼 날짜 잡았다고 통보해올까 봐 은근히 겁을 내고 숨죽여 지냈다.

시간은 자꾸 가고 아들 녀석 나이도 많아지는데 그냥 둘 수 없어 마무리를 지어야겠다고 마음을 고쳐먹기로 했다.

"벌써 끝났어요."

덤덤하게 말하는 아들 녀석 표정으로 미루어 헤어진 지 제법 많은 시간이 지남직하다. 아들 녀석이 그 아이를 더 많이 좋아했던 것으로 아는데 헤어진 것을 보면, 우리 집에 다녀간 뒤에 여자 쪽에서 먼저 헤어지기를 원한 것이라 짐작된다. 만약 여자 쪽에 결혼을 서두를 만한 어른이 있었더라면 인연의 끈이 이어졌을지도 모를 일이다.

마음이 아프다. 아들 녀석이 우리 친정아버지를 닮아 머리카락이 성글성글 해지는 것을 보면 가슴이 아프고, 너무나 아름다운 가을날 카메라를 짊어지고 혼자 산행을 떠나는 녀석을 보면 마음이 아프다. 제 누이의 아이들을 안아주는 모습을 봐도 마음이 짠해진다. 반대하지 않았다면 하고 후회할 때도 있다. 그 애가 우리 아들 녀석을 조금만 더 좋아했다면 이렇게 헤어지지 않았을 것이라며, 내 잘못을 얼버무리고 남의 자식을 탓하는 어리석은 어미노릇을 하고 있다.

그 아이의 아픔이 남의 일 같지 않게 느껴지지만, 역시 내 눈에는 내 자식만 보이고 내 자식 때문에 마음이 아프다. 2009

송유관이 지나는 마을

흙먼지가 날리는 신작로 길을 열 살 남짓 된 계집애가 서너 명의 동무들과 탈탈거리며 걸어간다. 꽃무늬가 판박이 된 포플린 통치마에, 군복을 염색해서 만든 까만 상의를 입었다. 위에 덧댄 낙엽 모양의 흰 깃에 누렇게 흙먼지가 내려 앉았다. 허리에 동여맨 책 보따리 속에서 걸어가는 대로 연필이 잘그락 잘그락 장단을 맞춘다. 계집아이는 연필이 멍들까 조심하다가 금방 잊어버리고 앞서가는 동무를 부르며 뒤쫓아 간다. 주먹만 한 자갈이 깔려 있는 길을 뛰어가는 아이를 앞질러 군용 트럭이 흙먼지를 날리며 지나간다.

그 신작로는 원래 일본 사람들이 만든 길이라고 한다. 금강 하구의 넓은 개펄을 간척하고 그곳에서 나는 쌀을 운송하기 위하여 만들어졌다. 해방이 된 뒤 그 길 끝에 비행장이 들어서게 되면서 길은 또 다른 용도로 쓰이게 된 것이다. 항구인 K시로 들어오는 물자를 유엔군이 주둔한 비행장으로 수송하는 주요 통로가 되었다. 15km 남짓 되는 멀지 않은 길이지만 내 유년의 기억 속에 확연하게 그어져 있다.

내가 다니던 초등학교는 그 길 중간쯤에 있으며 집까지 거리는 4km 쯤 되었다. 학교에서 우리 집 약도를 그려오라 하면 그 길을 먼저 그리고 그 길 주변에 자리 잡은 마을을 그렸다. 우리 마을은 오래 전부터 같은 성씨들이 모여 손바닥만 한 땅 뙈기를 부치고 사는 가난한 마을이었다.

들판을 가로질러 논둑길을 따라가면 훨씬 빠르게 학교에 갈 수 있었으나 우리는 신작로로 다녔다. 불이농촌 - 일본인들이 간척을 하고, 일본 본토와 똑 같은 농촌을 만들겠다는 뜻으로 만든 마을 - 에 사는 힘센 머슴애들이 뱀을 가지고 놀리는 일도 없고, 폭우가 쏟아져 섶다리가 떠내려갈 일도 없으니 얼마나 좋은가. 운이 좋으면 지나가는 트럭이 태워주기도 하고, 미군 트럭이 지나갈 때 '헬로 짭짭'을 외치며 쫓아가면 껌이나 사탕을 얻어 횡재할 때도 있었다.

이승만 대통령이 비행장에 내려 K시로 들어올 때도 그 길로 왔다. 머리를 끈으로 동여맨 젊은이들이 탄 트럭도 그 길로 지나갔다. 우리도 주먹을 불끈 쥐고 덩달아 체코 물러가라고 소리치며, 양코(양키)도 코가 큰데 체코는 코가 얼마나 클까 하며 궁금해 하였다.

비행장에는 기름이 많이 필요하다. 처음에는 기름을 탱크로리에 담아 트럭으로 수송하였는데, 언제부터인가 신작로에 송유관이 놓여졌다. 지름 약 20cm, 길이 20m 쯤 되는 쇠파이프 여러 개를 K시의 기름

저장고에서 비행장까지 연결해 놓은 것이다. 그 송유관에는 항상 기름이 흐르고, 총을 멘 헌병이 밤낮으로 지켰다.

등잔불을 켜고 사는 우리 동네는 석유가 귀하고 값이 비싸서 일찌감치 불을 끄고 잠자리에 들었다. 그러니 신작로의 송유관에 흐르는 석유가 얼마나 구미 당겼겠는가. 학교 갔다 오다 송유관 틈으로 기름이 흘러나오는 것을 발견하면 내 가슴이 먼저 벌렁거렸다. 그런 날은 어른 아이 할 것 없이 춤이 낮은 양재기와 큰 초롱을 들고 신작로로 갔다. 가슴 속까지 스며드는 기름 냄새에 사람들은 회가 동하였다. 흙탕물과 같이 떠 담았는데 기름은 그릇 속에서 흙탕물과 나뉘어 맑게 층을 이루었다. 송유관 밑 흙이 까맣게 젖은 곳에 구덩이를 파놓으면 맑은 기름이 고이는 것도 신기하였다. 총을 멘 헌병이 순찰을 도는 시간엔 멀리 달아나야 했다. 휘발유는 인화성이 높아 불을 내는 집도 종종 있지만 휘발유를 떠다 판 돈으로 우리들 신발도 사고 학용품도 사고, 쌀을 팔아 식량에 보태기도 하였다.

헌병 지프차가 마을에 들어와 이집 저집 뒤지는 일이 간혹 있었다. 그런 날은 이웃집 짚더미나 잿간에서 숨겨 둔 기름통이 나왔다. 그리고 사람들이 잡혀갔다. 밤에 송유관의 이음새를 열고 기름을 드럼통으로 빼내다 판 사람도, 새는 기름을 한 방울씩 모아 담은 사람도 모두 잡혀갔다. 마을 어른들은 지서에 쫓아가서 빌고 또 빌었다.

모교에 초임 발령을 받아 갔을 때, 고향 마을 아이들은 옛날과 달리 시내버스를 타고 학교에 다녔다. 송유관은 우리가 마을을 떠나 사는 동안에 사라지고 없었다. 운송 경비를 줄이기 위해 기름 탱크를 비행장 안에 만들었다고 한다. 길이 아스팔트로 포장되고 통행하는 차량도 부쩍 늘었다. 아이들도 쫓아가지 않는 군용차들은 무법자가 되어 전속력으로 달리고 그 차에 간혹 아이들이 희생되었다.

그 길은 지금도 비행장으로 이어져 있으나 비행장에 갈 때 그 길을 이용하는 사람은 드물다. 더 넓고 빠르게 달릴 수 있는 길이 새로 만들어졌기 때문이다. 구도로가 되어버린 길을 가끔 시내버스가 지나가고 농산물을 실은 트럭이 지나간다.

송유관이 지나던 가난한 내 고향 마을은 사라지고 없다. 그 자리에 새로운 시멘트 기둥들이 죽순처럼 들어섰다. 기름 한방울 나지 않는 나라에서 기름으로 흥건히 땅을 적신 일이 있던 그 길을 기억 못하는 사람들이 시멘트 덩어리 속에서 산다.

반백이 넘은 머리카락을 바람에 날리며 여인이 그 길에 서 있다. 저 멀리 공단의 굴뚝 위로 저녁놀이 빨갛게 물들고 있다. 2002

매생이와 좀피나물 그리고 소금

매생이는 남해안 청정해역에서만 나는 해조류이다. 좀피나물은 산에서 나는 것이고, 소금은 서해안의 갯벌에서 만들어진다.

내가 복직하여 처음 발령을 받은 곳은 전라남도의 끝 고흥이다. 가도 가도 남쪽으로만 뻗어진 도로를 달리는 버스 속에서 6개월만 참자고 결심했다. 교사가 부족하여 20년 전에 교직을 떠났던 나 같은 고령자를 임용하였는데 발령을 받자마자 그만둬버리는 것은 무책임하다고 생각했다. 그래 8월까지만 참기로 했다. 9월 신학기에는 후임자를 보내주겠지 싶었다.

고흥 사람은 매생이를 좋아한다. 파래와 비슷하지만 훨씬 더 부드럽고 고운 해조류다. 그곳 사람도 먹기 부족해 외지로 내다 팔 것이 없다고 했다. 얼마나 맛있을까 기대되었는데 초록 이끼를 한 삽 푹 떠다 그릇에 담아 놓은 것 같은 매생이국은 파래 맛도, 김 맛도 아니다. 그냥 덤덤했다.

매생이국은 아무리 뜨거워도 김이 나지 않는다. 겉은 무뚝뚝하지만 가슴에는 뜨거운 인정이 넘친다는 그곳 사람들을 닮았다. 그 고장의 인정과 입맛에 익숙해지기에 일 년은 짧았던 모양이다. 그들의 속내를 알지 못했고, 매생이의 맛도 끝내 알지 못하고 떠나왔다.

다음 해에 구례로 발령이 났다. 구례는 고흥보다 훨씬 집에 가까워 다니기 편했다. 국립공원이 있는 지리산의 명소들이 모두 내 시야에 있어 좋았다. 시장에는 산나물이 풍성하고, 문만 열고 나가면 논둑과 산자락에 나물이 지천으로 자란다. 봄이면 골짜기에서 툭툭 나무 치는 소리에 두릅향이 묻어왔다.

좀피나물을 구례에서 처음 먹어보았다. 산초나무를 그곳에서는 젬피나무라고 부르는데 좀피나물은 그 나무의 어린잎을 따서 양념장에 무쳐 먹는 것이다. 입에 넣었을 때 혀끝이 싸아 한 첫맛에 비하여 씹으면 씹을수록 오묘한 맛이 난다. 잎에 붙은 잔가시가 오독오독 씹히며 입안에 가득 번지는 향기는 잊을 수 없다. 나는 그 나물 맛에 반하고, 경치에 반하고, 사람들의 정에 흠뻑 젖었다. 구례는 풍광도 좋지만 사람들의 정이 더욱 좋은 고장이다. 구례의 나물 맛을 알았기에, 그곳 사람만 생각하면 코끝이 싸아하게 그리워지는 것이 아닐까.

이곳은 영광이다. 금년 3월에 이곳으로 발령을 받았다. 영광은 굴비의 고장이다. 내가 탄 버스는 영광 읍내를 벗어나 서쪽으로 한없이 간다. 염전이 보이고, 소금창고가 줄 서 있다. 서해바다를 건너온 맵짠

바람이 3월 내내 내 마음을 얼게 한다.

갯벌을 막고 다져 만든 염전 옆에 소금 창고가 줄 서 있다. 염전에서 걷어낸 시커먼 비닐장판으로 비가림을 해놓은 소금 창고는 반세기 전으로 시간을 돌려놓은 듯하다. 창고와 이어져 있는 살림집은 창고보다 나을 것이 없다. 입성은 물론 몸뚱이까지 소금에 전 사람들이 염전에서 짜디짠 삶의 조각들은 긁어모은다. 아이들이 종다리 소리를 내며 염전 두둑 염초 밭에서 뛰놀면 부모는 잠시 시름을 잊는다.

그 맛이 일품이라고 자랑하는 매생이도 간이 맞지 않으면 담백한 제 맛을 낼 수가 없다. 상큼한 산나물 무침도 소금이 없으면 제 맛이 나지 않는다. 영광굴비가 수랏상에 올랐던 것도 질 좋은 소금 없이는 가당치도 않은 일이었을 게다. 소금은 스스로 짠맛밖에 낼 수 없으나 음식에 적당량의 소금이 들어가면 재료 원래의 맛을 돋아준다. 소금은 맛의 시작이고 끝이다.

나도 이곳에서 품질 좋은 천일염을 찾아야겠다. 그리고 알맞은 양을 넣어 내 삶에 개미(맛-전라도 사투리)를 더해야겠다. 2004

3부

물 두 멍

물두멍

새 학년이 되어 진단 평가가 끝난 뒤였습니다. 전 학년에 이수한 교과 과정을 평가하여 금 학년도 도달목표를 정하는 평가입니다. 시험 점수가 이번 학년 성적에 반영되는 것이 아니라고 했는데, 녀석들은 내 책상 주변을 넘성거리며 점수에 관심을 보입니다.

시험지를 들척이며 보고 싶어 좀이 쑤셔하던 아름이란 놈이 내 눈과 마주치자, 짐짓 시험 성적에는 관심이 없던 것처럼 애먼 소리를 합니다.

"선생님 남편 있으세요?"

"그럼 있지."

"멋있으세요?"

"글쎄."

나는 잠깐 망설였습니다.

'남편이 멋있다고 생각한 적이 과연 있던가?'

중매로 결혼한 우리는 지난 30여 년 간 덤덤하게 살았다는 생각이 들었습니다. 물두멍 같은 남편과 가마솥 같은 아내인 나를 멋지다고 할 수 있을까요? 하나도 멋지지 않은 사람들이 긴 세월 동안 큰 무리 없이 살았다는 생각이 듭니다.

물두멍은 보릿고개의 긴긴 해거름에도 알곡 하나 품어 안지 못했습니다. 허연 횟가루라도 뒤집어쓰고 장식장 안의 자기(瓷器) 옆에 들어앉아 있어보라 해도, 부뚜막 끝에 허리춤까지 몸을 묻고 가마 솥 옆을 떠날 줄 몰랐습니다.

물두멍의 물은 늘 미지근하였습니다. 삼복의 땡볕에 벌겋게 달아오른 가슴을 식혀줄 시원한 냉수가 필요한 때도, 뜨거운 물 한잔이 필요한 삼동(三冬)의 추위 때도 물두멍의 물은 미지근했습니다. 그러나 그 미지근한 물은 물두멍이 가족을 위해 온 몸으로 품어 안고 독성을 가라앉히고 삭혀낸 것입니다. 동지섣달에 제 가슴의 온기로 얼음장 같은 냉기를 녹여낸 것입니다.

버튼만 누르면 정수(淨水)는 물론 냉수, 온수까지 즉각 해결되는 시대에 살고 있는 아이들은 물두멍의 우직한 사랑을 모를 것입니다. 투명한 유리그릇 안에서 찰랑대는 차가운 정수(淨水) 같은 녀석이 과연 물두멍의 믿음직함을 알 수 있을까요?

"글쎄? 멋지지는 않아. 그냥 괜찮아." 2006

아침 출근 길

집에서 내가 근무하는 학교까지 4km 남짓 되는 거리여서 걸어가면 50여분 걸린다. 들판을 가로지른 지방도로를 따라가면 읍 소재지가 나오고 거기에 학교가 있다. 내가 걷기에 꼭 알맞은 거리여서 운동 삼아 간혹 걸어서 출근한다.

해가 뜬 것 같은데 안개 속에 숨어서 아직 얼굴은 내밀지 않는다. 얇은 옷섶을 헤집고 들어오는 5월의 냉기가 산뜻해서 좋다. 신록으로 우거져 가는 들이 나를 반긴다. 풀포기 사이에서 살랑대는 아침 바람에 풀냄새, 흙냄새, 물 냄새까지 섞여 있다. 늦잠자다 깨어난 은행나무 가로수들은 두 팔을 길게 뻗으며 기지개를 켠다.

어젯밤 하늘의 별 몇 개가 내려와 미처 올라가지 못하고 풀밭에서 꽃으로 피어났다. 아주 작고 앙증맞아 꽃이라 부르기도 그런데 이름이 예쁜 별꽃이다. 개불알풀꽃이 하늘색 작은 꽃잎을 오므리고 오들오들 떨고 있다. 음흉한 모습으로 쑤욱 얼굴을 내밀던 쇠뜨기의 생식줄기는 간 데 없고, 영양줄기가 어디 내놓아도 손색없을 만큼 멋진 모습이 되어 뽐내고 있다. 영산홍과 철쭉꽃들이 촉촉하게 젖어있다. 밤사이에 정든 임을 떠나보낸 여인을 닮았다. 은행나무는 철쭉과 영산홍의 애태움을 짐짓 모른 체한다. 그리고 작고 여린 것들이 하품하고, 꼼지락거리며, 한들거리는 모습을 의젓하게 내려다보고 있다. 소리쟁이는 소리를 잘 해서 그 이름을 얻었을까? 목을 길게 뽑아 올리고 청의(靑衣)를 걸친 무녀 같이 넓은 잎을 너울거리며 살풀이를 한다. 씨앗을 날려 보낸 민들레가 대머리로 남아 안개에 젖어있는 모습에 공연히 코끝이 찡해진다.

영산홍을 휘감고 올라가는 며느리밑씻개란 놈은 참 음흉한 녀석이다. 처음 싹이 트고 자랄 때의 연하고 부드러운 모습을 봐서는 고약하리라 짐작도 못한다. 그런데 그놈이 줄기를 올리기 시작하면 잎의 뒷면과 줄기에 끝이 꼬부라진 가시가 다닥다닥 돋아난다. 며느리를 눈엣가시로 생각하는 시어머니의 삐죽거리는 얼굴이 보이는 것 같다. 그 옆의 한삼덩굴이란 놈도 만만치 않다. 잎을 한들거리는 저 놈 역시 조금 더 자라면 며느리밑씻개 마냥 줄기마다 촘촘히 가시가 돋아날 것이다.

식물들은 이 땅의 주인이다. 그 놈들은 농약을 치면 가장 처량한 모습으로 죽어가는 체하지만 뿌리는 죽지 않고 살아 있다. 그리고 며칠 지나면 다시 돋아나 제 땅을 지키며 부지런히 줄기를 세우고 꽃을 피운다. 질경이, 뽀리뱅이, 방가지똥, 지칭개, 애기똥풀, 왕고들빼기, 광대나물, 애기땅빈대 등 누가 언제 지어 주었는지 모르나 제 모습에 딱 어울리는 이름을 지키며 씩씩하게 살아간다.

늙고 메마른 대지는 세상의 모든 것을 품어 안아 키워낼 양분을 필요로 하고 양수기는 그 논배미에 물을 대느라 숨 돌릴 틈도 없다. 물을 흠뻑 빨아들인 흙은 찰지고, 모터는 목이 콱 쉰 체 털털댄다. 써레질해놓은 논에는 뚝새풀들이 말 안 듣는 열 살 배기 우리 반 사내 녀석처럼 쭈뼛쭈뼛 서 있다.

모내기를 끝낸 논도 제법 많다. 장화를 신은 늙은 내외가 모를 때우고 있다. 하얀 망토를 두른 왜가리도 멀찍이서 농부를 흉내 내며 징검징검 걸어간다. 벌건 맨발인데 시리지도 않은가 보다. 목까지 물에 잠겨 삐툴빼툴 서 있는 벼 포기들은 초등학교에 갓 입학한 녀석들을 닮았다. 그러나 조금만 지나면 종아리에 튼실하게 살이 올라 제구실을 단단히 해 내리라.

나는 갈대 피리를 만든다. 우듬지의 순이 끊어지지 않게 조심조심 뽑아 올린다. 속심을 빼내고 부니 둔탁한 소리가 난다. 지난겨울 바람에 흔들리며 울어대던 제 어미 갈대의 한 서린 목소리가 거기 깃들어 있다.

갈대피리를 불며 걷는 발걸음이 차츰 읍내에 가까워지고, 나는 오늘 만날 아이들의 얼굴을 떠 올린다. 하나하나가 들풀 같은 아이들이다. 개성이 강한가 하면, 여리면서도 끈질기다. 뚝새풀 같이 밉보이던 녀석, 이슬 머금은 메꽃처럼 새침한 계집아이, 은행나무처럼 믿음직한 놈들 모두에게 오늘 내가 할 일은 그들의 머리와 마음에 새로운 것을 채워주고 느끼게 해주는 일이다. 소중하고 아름다운 것들을 찾아내는 법을 가르쳐주는 것이다.

논에 물을 대는 모터소리는 내 마음도 적신다. 아이들을 끌어안을 나의 마음 밭도 촉촉하게 젖어간다. 2005

A선생님에게 드리는 글

3월 신학기, 이것저것 정신없는 날들이 계속되던 때입니다.

"나, 그만 두고 집에 가버렸으면 좋겠어."

오랫동안 쉬다가 복직한 A선생님이 잔뜩 찌푸린 얼굴로 푸념했습니다. 아이들이 억세고 거칠어 골치가 아프답니다. 그렇다고 공부 잘하냐면 그것은 더욱 아니랍니다. 당장 그만두고 가버리고 싶은 마음이 굴뚝같다고 했습니다.

4년 전 내가 복직했을 때의 일이 생각납니다. 주체할 수 없이 많아진 시간 때문에 절망스러웠던 차에, 일이 있다는 것만으로도 좋았습니다. 아이들을 다시 가르치게 됐다고 생각만 해도 행복했습니다. 그러나 고흥 아이들은 너무 거칠고 억세었습니다. 더구나 학교는 아이들을 가르치는 일만 있는 것은 아닙니다. 지치고 힘들어지면서 그만두고 도

망가고 싶어질 때가 많았습니다.

처음 시작할 때의 신선함이 사라져 버린 뒤 주변을 둘러보게 되었습니다. 나와 비슷한 연배의 교사들은 대부분 교장이나 교감의 직책을 가지고 있습니다. 명예퇴직을 하고 여유를 즐기는 사람도 허다합니다. 그 모습을 볼 때 스스로 한심한 생각이 들었습니다. 아주 사소한 일로 좋지 않은 낯을 하는 상급자의 모습에 서글플 때도 있었습니다. 젊은 나이를 능력의 잣대로 여기는 소리를 들을 때는 공연히 기가 죽었습니다. 지식 전수자가 아닌 진정한 교사가 되겠다던 생각은 차차 퇴색되었습니다. 지난 시절에 잘못 가르친 것을 용서받고, 아이들의 마음에 한 발짝 더 다가서겠다고 다졌는데 말입니다.

예전에 가르쳤던 제자가 나를 알아보는 때가 간혹 있습니다. 이제 어른이 된 그 아이 머릿속에 나는 어떤 모습으로 남아있을까 슬며시 두려웠습니다. 모른 채 딴전을 피우고 싶을 때도 있습니다. 누명을 뒤집어 쓴 걸 모르고 남의 물건을 훔쳤다고 혼냈을지 모르고, 숙제를 집에 놓고 온 것이 분명한데 그 아이의 말을 믿지 않고 벌을 주었을지도 모릅니다. 아니, 육성회비를 안 가져왔다고 어린 가슴에 상처를 남겼을지도 모릅니다. 결코 좋은 선생이 아니었을 것입니다. 공부를 잘 가르치는 것이 교사의 직책을 다하는 것으로 알았던 철없는 시절이었습니다. 제대로 가르치지도 못하면서 말입니다.

어린 시절을 생각해봅니다. 초등학교 때 나를 가르치셨던 담임선생님들의 모습이 떠오릅니다. 그분들의 특성과 성함도 확연히 기억납니다. 엄마 같이 자상하셨던 1, 2학년 때의 김인옥 선생님, 그분은 초임 발령을 받아오셨는데, 미소가 따뜻하고 예쁜 선생님이셨습니다. 말씀은 적지만 정이 깊으셨던 3학년 때의 엄순자 선생님, 그분은 우리가 졸업하기 전에 학교를 그만 두셨지요. 춤추는 것을 좋아하셔서 우리들이 보는 앞에서 스텝 연습을 하셨던 4학년 때의 박안적 선생님, 토끼뜀 뛰기 벌의 매서움을 우리에게 처음 맛보게 한 분이셨습니다. 우리들에게 공부가 무엇인가를 알게 해주셨던 5, 6학년 때의 신동욱 선생님, 모두 사오십 년 저 쪽의 일이지요. 찾아뵙지는 못하지만 내가 살아있는 동안 그분들의 존함을 기억하고 감사하는 마음을 잊지 않을 것입니다.

정년이 다섯 손가락을 꼽기에도 모자랄 만큼 조금밖에 남지 않은 지금 생각합니다. 내가 죽은 뒤에도 이 아이들이 내 이름을 기억한다면 얼마나 좋을까요. 기왕이면 따뜻한 이름으로 기억해 주면 더 없이 행복할 것입니다. 아이들의 꿈에 묻어 내 꿈도 이루어 가고 싶은 욕심도 가져봅니다.

새로운 것을 하나 알았을 때 까맣게 반짝이는 눈, 따뜻한 숨결, 젖살이 포동포동한 얼굴, 맑은 웃음소리, 운동장을 뛰다 들어온 녀석들의 들치근한 땀내, 그 귀여운 아이들의 머릿속에 나를 남길 수 있다니 그보다 행복한 일이 어디 있겠습니까. 멋있고, 자상하며, 따뜻한 선생님으로 기억되고 싶습니다. 그래 나는 아이들에게 최선을 다하려 합니다. 앞으로 60여 년 동안 나를 기억해 줄 소중한 아이들이니까요.

아이들이 합창을 합니다.

"선생님, 다음은 체육 시간이에요."

내 대답이 떨어지기도 전에 아이들은 신이 나서 복도를 쿵쾅거리고 달려갑니다. 호루라기와 공을 챙겨들고 운동장으로 향하는 나도 아이들과 같은 열한 살로 돌아갑니다.

A선생님이 맡으신 아이들도 곧 선생님에게 행복을 듬뿍 안겨줄 것입니다. 그리고 그 아이들이 60여 년 동안 선생님이 심어준 꿈과 성함을 잊지 않을 소중한 존재라는 것도 아시게 될 것입니다. 그러면 댁에 돌아가고 싶다는 생각도 자연히 사라질 것입니다. 2005

입춘

잠든 나뭇가지에 찬바람이 매달려 마지막 살풀이를 하는 2월의 끝자락이다. 귓불이 발갛게 언 아이들이 훈훈한 교실로 들어가고, 뒤에서 닫히는 문소리가 야멸치게 들린다.

며칠 째 화분 한 개가 옆 교실 창밖에 나와 떨고 있다. 소담한 푸른 모란이 넙죽넙죽 그려진 사기 화분에 심어진 허브 식물이 줄기의 마지막 물기를 빨아가며 서서히 맥을 놓아가고 있다. 제 몸의 한 방울 향기까지 말려가며 연명하고 있다. 아마 그 잎에서는 향기가 아니고 독한 냄새가 풍길 것 같다.

옆 반 담임인 K선생이 그 화분을 왜 밖에 내어 놓았는지 알 수 없다. 포기를 나누어 달라 해도 조금 더 번식시킨 뒤에 나눠주겠다며 여름내 아꼈는데 웬일인지 모르겠다. 가지나 잎을 만지면 달콤하고 산뜻한 향이 내 손을 적셔주고, 그 향을 맡으면 마음이 편안해지는 듯해서 빨리 번식되기만 기다렸는데…….

며칠 후 K선생은 먼 곳으로 발령났다. 이것저것 이삿짐을 꾸리는데도 그 화분은 여전히 창밖에 나와 있다. 마지막 날 K선생은 아직 살아 있는 허브 식물을 해동하지 않은 땅위에 달싹 엎어놓고 화분만 챙겨 가지고 가버렸다. 아마 지난 향기는 잊으려는 모양이다. 새로운 곳에서 새로운 아이들을 만나듯이 푸른 모란 화분에 새로운 향기를 담으려나 보다.

차가운 땅에 잎과 줄기가 짓눌리고 허연 뿌리가 하늘을 향해 엎어져 있다. 화분 구멍이 있던 자리에 잔뿌리가 실타래처럼 엉켜 있는 것은 녀석이 행복하게 살지 못한 흔적을 보는 것 같아 마음이 짠하다.

발끝이 시리고 손끝이 시려서 동동대는 녀석을 담뿍 안아다 뜨뜻한 난로 옆에 놓아두고 발치에 물을 적셔주었다. 보얗게 말랐던 흙은 금세 물기를 머금고 차져 보인다. 그러나 마른 줄기에 아직 생명이 남아 있을지, 죽어가던 생명이 가지 끝에서 다시 움틀지 모르겠다.

욕심내던 식물이었는데도 상대가 포기한 뒤에야 겨우 내 것으로 받아들였다. 내 것이 아니니까 죽은들 크게 마음 쓰이지 않았고 안 됐다고 생각하지 못했다. 그보다 전처럼 싱싱하고 향기롭지 못하여 선뜻 마음이 가지 않았나 보다. 진작 K선생이 화분을 땅에 엎어버리기 전에 안에 들여놓고 목마름을 적셔주었으면 맥을 놓고 저렇게 얼지 않았을 것이다. 그리했다면 K선생도 싱그러운 향기를 내는 녀석을 버리고 가지는 않았을 것이다. 혹여 살아있는 녀석을 내게 건네주고 갔을지도 모를 일이다.

이제 내 식구가 됐으니 너를 거둬주겠다고 다짐하지만 내 것 아니라는 이유로 마지막 울부짖음에 외면했음을 용서할지 모르겠다.

봄이 저기 산자락 밑에서 아물거린다. 2004

그때 조금만 더 노력했더라면

분교(分校)의 운동회 날이다. 만국기도 걸려있지 않은 소박한 운동회다. 스무 명이 조금 넘는 아이들이 평상시 차림으로 달리기나 줄다리기를 하며 하루를 즐긴다.

60m 달리기를 했다. 우리 반(1, 2학년 복식-8명)은 네 명씩 두 팀을 만들었다. 유치원 아이들이 먼저 달리고, 우리 반 아이들이 뒤이어 하기로 했다. 모두 대기석에 줄을 서서 준비하고 있다.

첫 번째 팀이 신호에 따라 앞으로 나왔다. 아이들은 운동화마저 벗어던지고 두 주먹을 불끈 쥔다. 고무줄을 힘껏 잡아당기듯 팽팽하게 긴장한 얼굴이다. 체육담당 교사가 신호총 든 손을 치켜들자 성급한 아이가 용수철처럼 앞으로 튕겨져 나갔다가 되돌아온다. 그런데 영우란 놈한테는 그런 기색이 전혀 보이지 않는다.

신호총 소리가 공기를 가르자 아이들은 쏜살같이 달린다. 그런데 영우는 두 팔을 앞뒤로 휘저으며 걷는 것과 별반 다를 것이 없는 이상한 모양새로 달린다. 저렇게 한들거리며 달리는 놈은 처음 보았다. 등수가 가려지고, 그 다음 팀이 출발을 했는데 영우란 놈은 아직 도착하지 않았다. 다른 아이들과 꼭 같을 필요는 없으나 60m 단거리를 저렇게 느리게 달리는 아이의 속셈을 알 수가 없다. 그나마 운동장에서 저희끼리 놀 때는 쫓고 쫓기며 잘 뛰어 놀아서 다행이다.

나는 학교에 다닐 때 달리기를 못했다. 꼴등은 늘 내 차지였다. 잘 달려야 4등인데, 4등에게는 조그만 상품조차 주지 않았다. 내가 조금만 더 노력했더라면 3등은 갈 수 있었을지 모른다. 아니 더 잘할 수도 있었을 것이다. 지금 생각하니 나를 달리기 못하는 아무개로 낙인찍어버린 것이 내가 4등밖에 못하는 원인의 하나였다. 지금은 물자가 풍족하여 모두 공평하게 상을 주거나 약간의 차이를 두는 것이 고작이다. 상품은 대부분 학용품이다. 저 애는 남아도는 것이 학용품이라 상품에 구미가 당기지 않아 힘껏 달릴 필요가 없었는지 모르겠다.

출발선이 비어 있다. 나는 달리기에 열의 없는 영우를 출발선에 세우고 다시 출발시켰다. 아까보다 좀 나아졌지만 큰 변화가 보이지 않는다. 되돌려 다시 달리게 한다. 녀석은 지쳐 있다. 그래도 또 달리게 했다. 아까보다 확연히 좋아졌다. 녀석은 무엇 때문에 자꾸 달리기를 시키는지 모르는 모양이다.

내가 이곳에 처음 부임한 날 내 소개를 한 뒤, 아이들에게 자기소개를 하라고 했다. 그런데 영우는 아무 말도 하지 못했다. "'저는 고영우입니다' 이렇게 해봐."하고 시범을 보이면, '이렇게 해 봐'라는 말의 음절 하나하나까지 토막토막 잘라서 따라했다. 녀석은 글씨도 제멋대로 쓰고 무슨 일이든지 열의 없이 대충해버린다. 그렇다고 머리가 나쁜 것 같지는 않다. 마음먹고 조금만 노력하면 무슨 일이나 잘할 수 있는 녀석인데 답답하다.

영우는 조부모와 같이 사는 아이다. 아버지 사업 때문에 여기 서 사는 것으로 알고 있으며, 3학년 때는 엄마가 서울로 데려 간다고 믿고 있다. 그러나 부모는 이혼했고 엄마가 데려간다는 말도 그때 가봐야 알 일이다. 녀석도 얼마만큼은 알고 있지 않을까? 그래 저렇게 어린애다운 욕구와 동기를 잃었는지 모른다. 녀석은 도화지를 온통 검은색과 빨간 크레파스로 어지럽게 칠해놓고 구석에 조그맣게 사람을 그린다. 그런데 그 사람이 아빠 엄마라고 한다. 그들의 모습은 미숙아처럼 머리카락 몇 가닥이 숭숭 나고 볼품없으나 눈은 까맣고 크게 그려 넣는다.

그때 내가 조금만 더 노력했더라면 지금과 다른 삶을 살았을 것이다. 내 행동과 말이 부모님 가슴을 얼마나 허볐나 그때 알았다면 그리 못되게 굴지 않았을 것이다. 자식들에게 더 정성을 기울였다면 지금 이렇게 후회되지 않을 것이다. 그때는 최선을 다했다고 생각했다. 허나 정말 최선을 다한 것은 아니었다. 내 능력을 얕보고 나는 못한다고 스스로를 낙인찍어버린 것이 잘못이다. 젊은 시절 그때는 조금만 노력하면 얼마든지 가능한 일이었는데.

내 눈에서 놓여난 녀석은 숨을 헐떡거리며 아이들을 향해 걸어간다. 숨 쉴 때마다 크게 들썩거리는 어깨가 처연해 보인다. 녀석이 짊어지고 살아야할 무게가 거기 실린 것 같아 애잔하다. 그러나 영우야, 좀 더 노력하면 세상은 네 것이 될 수 있단다. 2004

엄마의 빈 손

내가 아홉 살쯤 되었을 때로 기억된다. 운동회 다음날 담임선생님께서 물으셨다.

"운동회 날 부모님이 학교에 온 사람 손들어 봐요."

예전에는 시골학교 운동회가 지역 축제였으니, 거의 모든 아이들이 손을 들었던 것으로 기억된다.

"그런데 학교에 오셨으면 선생님을 만나고 가지 왜 모두 그냥 가셨을까?"

선생님은 많이 서운한 눈치셨다. 일 년 동안 얼굴 한번 볼 수 없는 학부모들과 우리들에 대하여 이야기를 나눌 수 있는 기회를 놓친 것이 아쉬우셨나 보다. 나는 뭐라고 말씀을 드려 선생님을 위로해 드려야 할 것 같았다.

"선생님, 우리 엄마는 빈손 들고 선생님 만날 수 없어 그냥 갔대요."

나는 불쑥 일어나 혼잣말이나 비슷했던 선생님의 물음에 대답했다. 생각지도 못한 대답을 듣고 선생님이 무슨 말씀을 하셨는지, 어떤 표정을 지으셨던지 기억나지 않는다. 그러나 집에 와서 학교에서 있었던 일을 엄마에게 조잘대던 나는 쓸데없는 말을 했다고 꾸중 들었다.

내 아이들이 학교에 다닐 때 나는 퇴직을 하고 집에 있었다. 남편의 사업을 돕느라 바빠 아이들에게 신경 쓸 겨를이 없었다. 그래서 선생님을 뵙고 아이에 대하여 여쭙고 싶었으나 빈손으로 찾아가 뵙기도 그렇고, 조그만 선물이라도 들고 가고 싶지만 어떻게 생각할까 그것도 염려되었다. 선생님에 대한 고마움과 미안함은 쌓여갔으나 쉽게 발걸음이 떼어지지 않았다.

선생님을 향한 부모의 마음은 예나 지금이나 다르지 않을 것이다. 오히려 자녀가 몇 안 되니 기대가 더 크고 학교생활을 어떻게 하는지 많이 궁금할 것이다.

"선생님, 한 번 찾아가 뵙겠습니다."

아이가 아파서 결석한다고 전화로 알리는 H어머니가 마지막에 한 말이다. 나는 걱정 말고 병원에 잘 다녀오라고 대답했다. 그리고 H는 학교생활을 아주 잘하고 있으니 걱정하지 않아도 된다고 했다. 또 상담할 일이 있으면 전화해 달라고 말하고 나도 종종 전화 드릴 것을 약속했다.

학부모가 학교에 찾아오는 일은 환영할 일이다. 아이에 대하여 내가 모르는 것, 부모가 모르는 것에 대하여 서로 이야기를 나눌 수 있어

교육에 보탬이 된다. 그러나 형편에 의하여 부모가 학교에 오지 못하는 아이들의 마음은 어떠할까 헤아려보면 부모의 학교 방문을 반가워할 일만은 아니다. 또 빈손으로 학교에 찾아가기를 주저했던 우리 어머니나, 철없는 엄마였던 나 같은 생각을 가지고 있다면 안 오니만 못하다.

학교는 아이들의 또 하나의 집이고 교사는 또 하나의 부모다. 잠자는 시간을 제하면 아이들은 부모와 같이 있는 시간보다 학교에서 교사와 같이 있는 시간이 더 많다. 부모는 자식에 대한 눈먼 사랑 때문에 미처 보지 못한 것도 교사는 알아차릴 수 있으니 오히려 교사가 부모에게 알려주어야 할 것이 더 많다.

"어머니, 오늘 B가 일기를 아주 잘 써서 칭찬을 받았습니다. 어머니께서도 한번 읽어보시고 칭찬해 주세요."

"어머니, S는 심성이 아주 고운 아이입니다. 오늘 S가 어려운 친구를 잘 돌봐주었습니다."

나는 오늘도 부모가 미처 발견하지 못한 아이들의 좋은 점을 찾고, 그 기쁨을 같이 나누기 위하여 휴대폰의 단축번호를 누른다. **2007**

구례 댁

추석이 며칠 지난 일요일 오후, 나는 또 전라선 열차를 탔다. 근무지로 가기 위해서다. 열차는 전주, 임실을 거쳐 남원을 지난다. 앞자리에 서너 살짜리 아이와 같이 엄마가 앉아 있다. 아까부터 아이는 발음이 정확하지 않은 소리로 할머니 집에 빨리 가자고 조른다. 아이를 달래는 여인의 목소리에 싫지 않은 지루함이 묻어있다. 아마 친정에 가는가 보다.

산비탈 다랑논에서부터 가을이 시작된다. 남보다 일찍 벼를 수확하려는 농사꾼의 논배미에는 올벼가 서둘러 익어가고, 다른 논에는 늦벼가 서서히 익어간다. 여름내 땡볕과 씨름을 하느라 파랗게 독기를 내뿜던 독살스러움을 놓고 누렇게 익어간다. 단 한 가지 색이지만 산비탈 다랑논은 조금씩 색상을 달리한 노란 색 탑이 된다.

곡성 못미처부터 짐을 챙기던 아이 엄마는 다음 정차역이 구례구역이라는 안내방송을 듣자 잠든 아이를 깨워 업고 가방을 들고 나간다. 나는 구례를 지날 때마다 아름다운데도 슬퍼보이던 당숙모의 눈이 생각난다.

우리 친정아버지는 외아들이셔서 남자 친척으로는 당숙이 가장 가까웠다. 당숙이 군 장교로 복무하다가 전역하여 고향으로 돌아왔을 때 당숙모를 처음 보았다. 내가 열 살쯤 되었을 때인데 우리 어머니와 고모들은 당숙모를 구례 댁이라고 불렀다.

당숙모는 아주 예뻤다. 나부죽한 얼굴에 살결이 박꽃 같이 희었다. 일에 쩌든 우리 어머니와 전혀 딴 세상 사람 같았다. 쩍쩍 갈라진 발뒤꿈치에 흙물이 든 우리 어머니와 달리 하얀 양발을 신고 자분자분 걸어 다니셨다. 그리고 당숙모한테는 항상 좋은 냄새가 났다. 당숙모는 말씀이 적으셨는데 우리 어머니와 고모들은 우렁이 속 같은 마음을 어찌 알겠냐고 흉털이했다. 지금 생각해 보니 남도의 억센 사투리가 불쑥 튀어나와서 책잡힐까봐 조심하느라 말수를 줄였던 것 같다.

잘생긴 당숙과 예쁜 당숙모가 사는 모습이 우리 부모 사는 것과 너무 달라 나는 당숙 집에 자주 놀러갔는데, 어느 날 당숙모가 가방을 들고 집을 나갔다. 그리고 새로 당숙모를 맞아들였다. 정이 남달리 좋으셨는데 자식을 못 낳는다고 늘 마뜩찮은 얼굴을 하고 생청을 부리던 할머니의 성화를 이겨내지 못한 것이다.

결국 자손을 보기는 했지만 당숙은 예전처럼 행복해 보이지 않았다. 우리들이 놀러가도 반겨하지 않았다. 서서히 삶에 쩌들은 우리네 부모의 한사람이 되어 갔다. 우리 부모님처럼 그분도 단명하셔서 오래 전에 고인이 되셨다.

금방 터질 것 같이 물건을 가득 넣은 종이가방을 들고 내린 아까 그 아이 엄마가 사람들과 같이 역 출입구를 빠져나간다. 플랫폼에는 상행 열차를 탈 사람들 여럿이 서성이고 있다. 아기를 업은 젊은 여인도 있고, 커다란 꾸러미를 옆에 두고 의자에 앉아 있는 중년 아낙도 있다. 그중 몇 명은 구례 댁이겠지. 그들은 행복할까?

살아 계시면 팔순이 넘으셨을 구례 댁 당숙모는 그 후 자손을 보셨을까? 아직 생존해 계실까? 지리산의 험준한 산자락 밑에서 도라지처럼 살다 가셨을지 모르겠다. 높은 산마루에 누군가 토해놓은 한숨 같은 흰 구름이 걸려 쉬어가고 있다. 산을 향해 올라가던 누렇게 빛나는 가을은 고개 밑에서 숨을 몰아쉬며 마주 내려오고 있는 가을을 기다리고 있다.

열차가 출발했다. 플랫폼에서 서성이던 사람들이 서서히 뒤로 밀려난다. 아름다운 구례의 풍광들도 당숙모의 기억처럼 뒤로 밀려나고 있다. 2001

두 문 선생

5월은 참 아름다운 계절입니다. 꽃도 아름답지만 신록도 그에 못지 않게 아름답습니다. 5월에는 행사가 많아 어린이날, 어버이날을 비롯하여 스승의 날 등이 있습니다. 정년퇴임이 몇 달 남지 않은 나는 어떤 교사였을까 생각하게 되었습니다.

전남 영광군의 조그만 분교에서 일 년 동안 근무한 일이 있습니다. 그런데 거기서 나와 같은 성을 가진 문 선생을 만났습니다. 부인과 같이 관사에서 거주하던 문 선생은 내가 불편한 점이 없는지 늘 마음 써 주는 친정 오라버니 같은 분이셨습니다.

나는 그곳에서 특수아를 포함한 1, 2학년 복식학급을 담임했습니다. 아이들은 염전을 돌아 나오는 버스 시각에 맞추느라 아침 7시 30분이면 학교에 왔습니다. 나는 녀석들을 붙들고 가르치고 또 가르쳤습니다. 특수아로 치부했던 2학년 학습부진아를 반년 안에 다른 아이들을 좇아갈 수 있게 만들어 놓겠다고 장담했습니다.

이런 나를 보고 G선생이 어림없다는 표정으로 말했습니다.

"여그 애기들을 읍내 애기들과 똑 같게 만들라고 그라요?"

나는 G선생의 말에 화가 났습니다. 왜 못하느냐? 충분히 할 수 있다고 장담했습니다. 적당히 가르치며 시간을 보내는 그의 무책임한 태도에 화가 났습니다. 그러나 지금 생각해보니 늘 친절했던 문 선생도 G선생과 비슷한 생각을 했을지 모릅니다. 그 역시 학과 공부에 목메는 나 같이 어리석은 교사는 아니었으니까요.

문 선생은 남다른 분이셨다. 아침에 비가 와서 염전(鹽田) 길이 뻘밭이 되어 버스가 다니지 못하면 아이들을 데리러 갔습니다. 자신의 차가 뻘밭에 갇힐지도 모르는데 말입니다. 방학 중에 먹으라고 나오는 무상 우유를 아이들이 들고 가기 무겁다고 동네동네 날짜를 정해 가져다주었습니다. 어찌 보면 참 할일 없는 사람이었습니다. 공부시간에는 학습 문제만 제시하고 아이들 스스로 그 문제를 해결하라고 해놓고 자신은 밀린 업무를 처리하는 때가 허다했습니다. 그리고 아이들이 질문하면 그때 잠깐 들여다 봐줄 뿐이었습니다. 그런가 하면 어느 때는 방과 후 시간에 아이들을 자기 차에 태우고 조개 캐러가고, 불갑사의 꽃무릇도 보러가는 등 즐겁게 생활했습니다. 그 반 아이들은 문 선생이 사준 자장면을 먹고 배부르고 행복해 하였습니다. 가난한 염부(鹽夫)의 자녀인 아이들은 비로소 자신이 소중한 존재라는 것을 느끼기 시작했습니다. 문 선생은 스스로에 대한 자신감과 믿음을 쌓아가는 것이 공부보다 더 중요한 일이라는 것을 알았던 것입니다.

나는 퇴직을 몇 해 앞둔 그때서야 문 선생의 교육방법이 모두 옳은 것은 아니지만 아이들은 학교가 행복한 곳이어야 한다는 것을 알았습니다. 평균이 몇 점이냐며 시험 볼 때마다 신경을 곤두세우고 친구와 비교하고 경쟁하는 곳이 아니고, 서로 어울려 행복하게 살아가는 방법을 배우는 곳이 바로 학교라는 것을 말입니다. 그래도 성적에 무관할 수 없는 것이 세상이라 한다면 공부는 스스로 해야 하는 것이라고 말하고 싶습니다. 지금 머릿속에 그득 담아놓은 지식도 내일이면 절반을, 그리고 며칠이 지나면 남은 지식의 대부분을 잃어버릴 것입니다. 하니 애면글면 시험성적에 매달릴 것 없다고 말하고 싶습니다. 교사는 아이들이 자신에 대한 자긍심을 가지고 방법을 찾아 스스로 공부할 수 있도록 도와주는 조력자에 불과합니다.

서천군의 전임지에서 가르쳤던 아이들 엄마를 간혹 만나는 일이 있습니다. 그리고 그들에게 정말 행복한 말을 듣습니다. 자기 아이가 내가 담임했을 때 정말 행복해 하였다고. 그것도 말없이 평범하기만 했던 아이의 엄마에게 그 말을 들을 때 나는 정말 행복합니다.

지금도 나는 행복합니다. 급작스러운 일로 결근한 일이 있는데 다음날 출근하니 아이들이 앞 다투어 내게 달려들며 물었습니다. '어디 아팠느냐?', '어제는 선생님이 안 와서 정말 재미없었다'고, 제 말을 못 들을까봐 한 음정 높여 묻는 아이들이 있으니까요. 지금은 퇴직해서 광주의 자택에 계실 문 선생님이 문득 뵙고 싶어집니다. 2009

사랑한다고 말씀드리세요

동장군이 성큼 성큼 다가오는 소리가 들립니다. 날씨가 추워지면 나이 든 어른들은 마음까지 시려합니다. 겨울은 외로운 사람들에게 사랑이 절실히 필요한 때입니다. 늘 옆에 있어 간혹 잊고 지내는 가족에게도 사랑이 필요합니다.

"오늘부터 일주일 동안 하루에 한 번 씩 부모님께 사랑한다고 말씀드리세요."

지난 해 내가 맡은 4학년 아이들에게 내준 숙제입니다.

"에이, 그런 말을 어떻게 해요" 하는 남자 아이가 있는가 하면 "저는 날마다 해요" 하는 여자 아이도 있었습니다.

"숙제니까 꼭 하도록 하세요. 잘 지켰는지 부모님께 확인해 볼 겁니다."

부모님께 들은 말씀을 일주일 후에 발표하는 것이 숙제 검사입니다.

"저희 어머니는 고맙다고 하셨어요."

"저희 부모님은 웃으셨어요."

"용돈 떨어졌냐고 물으시던데요."

"저희 엄마는요, 징그럽다고 하셨어요."

아이들의 답은 다양했지만 사랑한다는 말을 그만 하라고 하지는 않으셨답니다. '사랑해요'라는 말을 하면서 부모님 말씀을 더 잘 듣게 되었다는, 숙제보다 더 큰 수확을 얻은 아이도 있었습니다. 앞으로 계속 하루에 한번 씩 부모님께 '사랑해요' 하고 말씀드리라고 한 뒤 숙제를 정리했습니다.

우리 선조들은 '사랑한다'는 말을 하지 않아도 마음으로 사랑을 전하고 느꼈습니다. 그러나 요즈음은 사랑의 말과 행동이 넘쳐나고 표현하지 않는 것은 사랑이 아니라고 합니다. 하기야 덤덤하던 마음도 사랑한다고 말로 표현하면 좀 더 각별한 의미가 느껴지게 되지요.

어렸을 때는 대부분 부모에게 충분한 사랑을 받고 자랍니다. 그러나 사랑으로 넘치던 부모의 마음은 늙은 나무의 보굿이 되어 사랑과 보살핌을 필요로 합니다. 바로 그때가 자식들이 부모를 사랑해 드려야 할 때입니다. 그러나 평소에 습관들이지 않았던 사랑을 쉽게 표현할 수 있을까요? 마음을 행동으로 보일 수도 있겠지만 사랑한다고 말하며 행동하면 분명히 더 좋아하실 것입니다. 나이 들면 아이가 된다잖아요.

금년에는 아직 '사랑한다고 말씀드리기' 숙제를 내주지 않았습니다.

아이들이 어려서 사랑한다는 말을 자주 하리라 생각합니다. 그러나 바쁘게 살아가는 우리네 현실을 생각하면 딱 그렇지도 않을 것 같습니다. 그래 금년에도 숙제를 내주어야겠습니다.

"하루에 한번 씩 부모님께 사랑한다고 말씀드리세요. 그리고 꼭 안아드리세요. 일주일 후에 숙제 검사를 하겠습니다." 2005

업어 주기

며칠 전부터 제법 선득선득한 가을바람이 교실 창턱에 매달려 닫힌 유리문 안쪽을 넘성거리고 있다. 아홉 살 꼬마 녀석들이 골똘히 수학 문제를 풀고 있다. 그러나 가끔은 녀석들이 자갈 위를 흐르는 개울물 소리를 내야 나잇값을 하는 것 같아 귀엽고 그래야 나도 신난다.

문제를 풀고 난 뒤 게임을 하자고 했더니 녀석들은 금방 눈을 빛내며 무슨 게임을 할 거냐고 묻는다. 아이들이 좋아하는 한두 가지 게임을 하기로 정했는데 짝이 안 맞아, 나도 한사람이 부족한 청군이 되기로 했다. 그리고 진 팀이 이긴 팀을 업어주기로 했다. 제일 키 큰 연희가 내 짝이 되었다.

"정말요? 우리가 이기면 업어줄 거예요?"

"물론이지. 그 대신 선생님 편이 이기면 진 편 중 한사람이 선생님을 업어주어야 한다."

연희는 자기 아빠도 업을 수 있으니 문제없다고 큰 소리 치고, 아이들은 왁자해지며 빨리 하자고 조른다.

20여 년 쯤 전에는 아기를 업은 젊은 여인을 길거리나 버스 안에서 쉽게 볼 수 있었다. 그러나 요즈음은 아기 업은 할머니는 간혹 볼 수 있어도 아기 업은 젊은 여인을 보기란 쉽지 않다. 사람들이 대부분 차로 이동하고, 어머니들이 아기를 업고 나들이 할 만큼 한가하지 못하기 때문일 것이다. 아기 업을 일이 생겨도 아빠가 대부분 그 일을 맡는다. 륙색 같은 곳에 아기를 넣어 등에 짊어지고 겅중겅중 걸어가는 젊은 아빠의 모습을 공원에서 보는 것이 낯설지 않다.

아기를 많이 업어주면 어른의 등에 가려 세상을 볼 수 없기 때문에 EQ 발달이 늦어지고 다리가 휘어진다며 업어주기를 꺼려하는 사람도 있다. 그러나 예전의 젊은 엄마들은 할 일은 많은데다 아기 돌봐줄 사람이 없으니 등에 업고 일 할 수밖에 없었으리라. 비록 매달듯 업었지만 일하다가도 울면 쉽게 젖을 물릴 수 있었을 것이다. 그러나 우유병이 엄마의 역할을 나누어 맡으면서 아기는 엄마의 등에서 내려오게 된 것 같다.

아기 업어주기가 사라져 가는 대신 다 큰 사람이 업히는 모습을 간혹 볼 수 있다. 사랑가 한 대목에 이 도령은 춘향이더러 업고 놀자며 어르고, 한적한 곳에서 사랑하는 여인을 업고 가는 젊은 청년의 모습도 간혹 볼 수 있다. 어려운 공부를 한 아들이 학사모를 쓴 부모를 업은 뿌듯한 모습도 볼 수 있고, 술 취한 동료를 업고 힘들게 걸어가는 젊은이 모습도 볼 수 있다.

내가 다른 사람을 업어준 것은 막내아들놈이 어렸을 때이니 25년 전이다. 첫째 아이를 업었을 때는 아기가 아래로 흘러내리고 처네가 질질 끌리기도 했다. 그러나 둘째를 업을 때는 좀 더 나아졌다. 막내 녀석을 업을 때는 시어머니 못지않게 담뿍 싸안아 업어줄 수 있게 되었다. 아기 업기는 익숙해져갔으나 나의 어미노릇은 지금까지 서툴러 아이들의 세상이 되어주지 못하고 대지가 되어주지 못했다.

내가 다른 사람의 등에 업힌 것은 아홉 살 무렵이 마지막인 것 같다. 젊고 활기찬 아버지의 등에 업혀 십리를 걸어갔던 그날이 얼마 전의 일처럼 생생하다. 황달에 걸려 누렇게 뜬 딸아이를 등에 업고 병원에 다녀오던 아버지는 마지막 버스를 놓쳐 십리가 넘는 길을 걸어야 했다. 나는 잠결 사이사이에 아버지의 등 너머로 공장의 불빛과 고깃배들의 불빛을 볼 수 있었다. 그 불빛은 까만 어둠 속에서 보석이 되어 아버지의 걸음에 따라 출렁거리고 있었다. 아버지의 따뜻한 등판은 초겨울의 냉기를 막아주기에 충분했으며 나의 땅이었고 하늘이었다.

성장한 뒤에는 다른 사람의 등에 마음 편히 업혀본 일이 없다. 의식을 잃을 만큼 취해본 일도 없고, 나를 업고 사랑놀이를 하자며 어른 사람도 없다. 내가 허리를 곧추세우고 걷는 것은 힘들어 비틀거리는 내 걸음 거리를 다른 사람에게 눈치 채지 않기 위해서이며, 다른 사람을 믿고 업힐 만큼 순수하지 못하기 때문이다. 아무도 업어주지 못하고 업히지도 못하고 사는 동안 마음과 등판이 돌처럼 굳어갔다.

안아줄 때는 서로 얼굴을 마주하게 되어 싫으면 마다할 수 있다. 그러나 등에는 표정이 없어서 업히고 나면 불편해도 거부하기 어렵다. 그래 위급한 환자나 취객을 제하고는 믿지 못하면 업힐 수 없다. 넓은 등판을 통해 전해지는 희미한 체온은 신뢰감이고 감당할 수 있는 만큼의 무게는 믿음이고 사랑이다.

아이의 몸무게가 적당한 무게로 등에 실리고, 업힌 녀석의 목소리가 바로 귓가에서 물새소리를 낸다. 돌처럼 굳어있던 내 마음에 투명한 아이의 마음이 전해진다. 2007

4부

들꽃과 아이들

벚꽃나무야, 너 언제 꽃 필래?

들꽃과 아이들 1

들꽃과 아이들 2

들꽃과 아이들 3

빗자루국화

사향고양이 커피

천사보다 더 아름다운 아이들

뿌리가 없더라도

친절한 이웃

고흥 아이들

벚꽃나무야,
너 언제 꽃 필래?

4교시 슬기로운 생활 수업시간, 아이들의 눈동자가 풀어져 있습니다. 새 학년이 되어 긴장했던 마음이 풀린 데다 날씨까지 갑자기 따뜻해진 때문인 듯싶습니다. 하품을 하는 녀석, 엉덩이를 들썩거리는 녀석, 벌레가 붙은 듯 자꾸 몸을 뒤트는 녀석, 몇 안 되는 아이들 마음이 제각각 흩어져버렸습니다.

나는 아이들에게 책을 덮고 운동장으로 나가자고 했습니다. 눈동자가 당장 빛납니다. 입이 금방 귀에 걸립니다. 환호성을 지르며 신발을 들고 쿵쾅거리며 달려 나가는 놈도 있고, 턱밑에 바짝 다가서서 뭐 할 거냐고 다잡이 하는 녀석도 있습니다.

운동장에 아이들 발자국이 찍힙니다. 촉촉하게 젖은 운동장에 찍힌 한 뼘도 채 되지 않는 발자국에서 까르르 웃는 소리가 들리는듯합니다. 엊그제 내린 진눈개비로 얼었던 땅이 어제 오늘 완연한 봄볕에 녹아 새싹이 나옴 직하게 부드러워졌습니다.

벚나무에게 다가갑니다. 두어 아름은 너끈히 될 만한 벚나무들이 하늘을 향해 검은 가지를 이리저리 벋고 서 있습니다. 물기하나 없이 쩍쩍 갈라져 허물을 벗던 보굿도 기름을 발라놓은 듯 촉촉하게 젖어 생기가 돕니다. 꽃눈과 잎눈도 비늘껍질 속에서 두시럭거립니다. 진눈개비가 녹아 메마른 벚나무 가지에 힘을 보태 주었기 때문입니다.

"얘들아, 벚나무가 아직 잠자는 모양이다. 언제 꽃을 피울 건지 물어보자."

아이들은 의아해하면서도 늙은 나무를 향해 소리를 지릅니다.

"벚꽃나무야, 너 언제 꽃 필래?"

"벚꽃나무야, 잠만 자지 말고 얼른 꽃 피워라."

소리를 지르던 아이들은 벚나무에 바짝 다가가 귀를 기울입니다.

"조금만 있으면 꽃이 필거래요."

"모른대요."

"4월이나 5월쯤 필거래요."

신이 난 아이들이 이번에는 개나리 울타리 쪽으로 뛰어가 또 소리를 지르고 귀 기울여 듣습니다. 꽃샘바람이 미처 덧옷도 입지 않고 뛰어나온 아이들의 품 안으로 파고듭니다.

지난겨울은 참 추웠습니다. 눈보라가 휘몰아쳐 봄을 준비하던 꽃눈도 잎눈도 꽁꽁 얼어버렸습니다. 이불을 뒤집어쓰고 꼭꼭 숨어버린 것들도 허다합니다. 십여 년 전에도 혹독하게 추위를 겪은 일이 있습니다. 그때는 앞에 가는 사람 따라잡으려고 준비도 못하고 냅다 뛰기에 바빠 미처 월동 준비를 못했기 때문입니다. 이제 꽃바람 맞을 일만 남았다고 좋아했는데 지금은 옆집에 든 된바람이 우리네 삶 한가운데를 휩쓸고 자나가고 있습니다. 그래 그때보다 더 심하게 추위를 겪고 있습니다.

봄이 문 앞에 당도해 있는데 문을 열어주기 겁날 만큼 춥지만, 추위가 되풀이 되는 것은 더욱 아름다운 꽃을 피우기 위한 담금질이라는 것을 압니다. 삭정이가 되어버린 가지가 간간히 눈에 띄지만 땅 속에는 가지보다 더 많은 뿌리가 건재하다는 것을 압니다. 다만 다른 때보다 조금 늦잠을 자는 것뿐입니다. 이제 곧 일어나기만 하면 어느 해보다 더 아름다운 봄꽃들이 필거라고 우리는 확신합니다.

'벚꽃나무야, 이제 그만 자고 꽃을 피워라.'

나도 아이들과 같이 벚나무를 향해 소리칩니다. 그리고 가만히 귀 기울여 봅니다. 기상청에서 금년에는 다른 해보다 일찍 봄꽃이 필거라고 예보했습니다. 2009

들꽃과 아이들 1

선거 바람이 온 나라를 한바탕 휩쓸고 지나갔습니다. 버스 승강장에 붙은 채 아직 제거되지 않은 벽보 속의 후보자 얼굴이 어제와는 사뭇 다르게 보입니다. 당선자는 당당해 보이고 낙선자는 처연해 보입니다. 시골 마을은 선거 바람과 아무 상관없이 조용하기만 했습니다. 마치 지난 가을에 잘려나간 벼 포기처럼 색깔도 소리도 없었습니다.

사람들은 아직 겨울 입성을 다 벗지 못했지만 나무는 꼼지락거리며 새순을 밀어내고 새싹은 온힘을 다해 흙을 밀어 올리고 있습니다. 청정한 바람 속에 달콤한 꽃내음이 묻어서 오고 쌉쌀한 잎내음이 뒤따라갑니다. 묵은 등걸 같던 농부의 몸속에도 계절의 시계가 돌아가기 시작했나 봅니다. 호미를 챙겨들고 텃밭으로 나가는 농부의 등 뒤에 햇볕이 따사롭게 내려앉습니다.

버스 승강장 앞 축사는 텅 비어있습니다. 얼마 전까지만 해도 이십여 마리의 한우들이 순한 눈을 껌벅이며 지나가는 사람들을 쳐다봤는데, 사료 값을 감당 못한 주인이 모두 팔아버렸나 봅니다. 천장에 매달린 대형 선풍기는 저희들끼리 바람개비를 돌리며 심심풀이를 하고 있습니다. 빈 축사의 축대 밑에 개불알풀꽃이 바람에 팔랑거립니다. 수없이 많은 하늘이 꽃잎에 내려와 파랗게 빛납니다.

개불알풀꽃은 이른 봄에 피는 조그만 풀꽃입니다. 한 겨울에도 햇빛이 잘 드는 양지쪽에서 하늘을 닮은 꽃을 피운 녀석들을 쉽게 발견할 수 있습니다. 앙증맞은 그 꽃이 그렇게 걸쭉한 이름을 얻게 된 연유는 확실히 알 수 없으나 꽃이 진 자리에 튼실한 씨앗이 두 알 씩 마주 붙어 맺힌 모양을 보고 이름지어진 것이 아닐까 하고 생각해봅니다.

문득 우리 반 A의 할아버지가 떠오릅니다. 깊게 골이 패인 소 터럭색 얼굴과 툭툭 갈라진 손마디가 빈 소 우리에 겹쳐 보입니다. 아무렇지 않은 얼굴로 우리 아빠는 이혼했다고 말하는 A의 작고 맑은 눈이 개불알풀꽃에 겹쳐 보입니다.

며칠 전 늦은 시간에 A의 할아버지한테서 전화가 왔습니다. 손자 녀석이 숙제를 못해간다고 울어대니 어찌해야 옳으냐며 탄식을 했습니다. 남의 집 머슴살이로 잔뼈가 굵었는데 할아버지의 어린 시절 이야기만 해달라니, 왜 학교에서는 그런 숙제를 내냐고 나를 탓했습니다. 내 깐에는 조부모와 사는 아이들을 배려하느라 조부모의 어린 시절을 조사해 와도 된다고 말한 것이었습니다. 중병으로 거동을 못하는 안노인 병 수발하며 손자 녀석까지 거두어야 하는 노인의 굴곡 많은 삶에 나는 말문이 막히고 말았습니다.

당선자들이 고장을 위해 온 힘을 바치겠다고 장담했던 약속이 공약(空約)이 되어버리는 경우가 많습니다. 그러나 이번에는 조금 다를 것이라고 기대합니다. 우리 고장은 비록 품이 넓지 못하지만 갈 곳 잃은 젊은이들을 품어 안을 수 있는 고향이었으면 좋겠습니다. 그래서 그들이 다시 일어서고, 늙은 어버이의 힘을 덜어줄 수 있도록 당선자들이 힘이 되어주었으면 좋겠습니다.

나무처럼, 풀처럼 한자리 지키며 말없이 살아온 우리네 부모들이 한시름 놓을 수 있는 세상이 오기를 기대해봅니다. 옛 고생이 쓰라린 상처가 아닌 추억이 되는 그런 세상이 오기를 기대해봅니다. 하늘색 풀꽃 같은 아이들이 모두 행복할 수 있는 세상을 꿈꿔봅니다. 2008

들꽃과 아이들 2

'그래, 허리를 낮출 줄 아는 사람에게나 보이는 거야. 자줏빛이지'

이 시는 안도현의 '제비꽃에 대하여'의 일부입니다. 제비꽃은 이 시에서처럼 허리를 낮추고 봐야 그 모습을 제대로 볼 수 있는 키가 한 뼘도 채 되지 않는 풀꽃입니다. 아름다운 '이오'의 눈을 생각하며 '주피터'가 만들었다는 신화가 있지만, '나를 생각해주세요'라는 꽃말처럼 애잔한 꽃입니다. 우리나라 여교사들이 가장 좋아하는 꽃이 제비꽃이라는 이야기도 있습니다. 시선을 낮추고 아이들을 보던 버릇이 몸에 익어 누구보다도 먼저 제비꽃을 발견하고 그 아름다움을 알게 된 것이 아닌가 생각합니다.

B와 C는 우리 반 아이들입니다. 녀석들은 아홉 살이고 우리 반에서 가장 키가 작습니다. B는 유난히 피부가 뽀얗고 턱이 갸름한 남자 아

이입니다. 또 웃으면 다 감기는 선하고 예쁜 눈을 가졌습니다. 수줍은 성격에 말도 크게 하지 않는데 화나면 제비꽃 씨앗주머니가 터지듯 폭발해버립니다. 한번은 화나서 식식거리는 녀석을 혼낼 수 없어서 꼭 안아주었습니다. 버둥거리던 녀석은 곧 잠잠해지더니 무릎에서 내려가지 않으려 했습니다. 엄마 품이 이렇게 필요한 녀석인데 얼마나 힘들면 그렇게 폭발했을까요.

C는 여자 아이입니다. 피부는 까무잡잡하고 눈이 흑요석처럼 반짝입니다. 친구의 평범한 말 한마디에 눈동자가 먼저 촉촉이 젖어드는 녀석은 마치 아침 이슬을 머금은 자줏빛 제비꽃을 닮았습니다. 원래 서울에서 살았다는데 엄마가 여기서 살라고 외가에 두고 갔다고 합니다. 언제인가 학교에서 상으로 받은 문화 상품권 한 장을 고이 간직하며 엄마 오면 드리겠다고 합니다. 코끝이 찡해졌습니다. 엄마는 추석에나 온다는데.

"우리 아빠 내일 결혼한다."

B의 말에 아이들은 아무렇지도 않게 부러운 눈으로 쳐다봅니다.

"우리 엄마는 작년 5월에 결혼했다."

C도 지지 않으려는 듯 한마디 거듭니다. 몇 아이가 잠깐 의아한 표정을 지었지만 그냥 지나쳐버립니다. 다행입니다.

B는 가출한 어머니를 기다리고, C는 재혼한 어머니를 기다립니다. 녀석들은 얼른 여름방학이 되어 엄마를 만나는 것이 꿈입니다. 나를 생각(사랑)해달라는 제비꽃의 꽃말처럼 녀석들의 눈은 늘 그리움을 담고 있습니다.

제비꽃의 색깔은 흰색과 보라색이 주종을 이루지만 두 색이 다양하게 섞여 여러 색상의 보랏빛 꽃을 피웁니다. 그런데 최근에 노란색 제비꽃이 있다는 것을 알게 되었습니다. 노란 제비꽃은 주로 고산에서 자생합니다.

몇 년 전 혼자 산에 오르다가 정상 부근에서 노란 제비꽃을 처음 발견하였습니다. 노란 제비꽃도 있다니! 나는 가던 걸음을 멈추고 한참이나 허리를 낮추어 제비꽃을 바라보았으며, 내려올 때는 빈손이 아니었습니다. 그리고 녀석은 그해 가을까지 내 집 마당에서 잘 버텨주었습니다.

이듬해 봄 녀석이 있던 자리에는 아무 기척도 없고 그 옆자리에 새로 싹이 나고 꽃을 피운 제비꽃이 있었는데 보라색이었습니다. 노란색이 보라색으로 변할 리 만무이니 노란 녀석은 적응하지 못해 죽은 것이 분명합니다. 그리고 보라색 제비꽃은 이런저런 야생화들과 같이 묻어 온 모양입니다. 해발 1000m가 넘는 고산에서만 산다는 노란 제비꽃이란 놈은 얼마나 힘들고 집이 그리웠을까요.

제비꽃을 닮은 두 녀석이 바뀐 환경에 잘 적응하며 씩씩하게 잘 자라주었으면 좋겠습니다.

나는 봄마다 혹시 노란 제비꽃이 싹을 틔울지도 모른다는 생각을 버릴 수가 없어 녀석이 있던 자리에서 허리를 낮추고 살핍니다.

2008

들꽃과 아이들 3

D가 웃는다. 두 눈을 다 감고 까르르 웃는다. 별일 아닌 일에 몸을 흔들어가며 웃는다. 노랗게 염색하고 짧게 파마한 머리카락도 흔들리며 웃는다. 아이들도 D의 웃음소리에 덩달아 따라 웃는다. 네모난 교실 안의 공기도 아이들 따라서 잔 물결을 이루며 웃는다.

나는 D를 보면 노란 서양민들레가 생각난다. 녀석의 맑은 웃음이 민들레를 닮았고, 화사한 얼굴이 닮았으며, 해가 지면 시든 꽃처럼 꽃잎을 닫았다 아침이 되면 다시 피어나는 모습도 닮았다. 새침해져서 굵은 눈물을 뚝뚝 흘리다가 금방 깔깔대는 녀석의 모습과 꼭 닮았다.

나는 민들레를 좋아한다. 이른 봄 맨 먼저 황금색 꽃이 피는 것도 좋고, 씨앗을 멀리 보내려고 기를 쓰고 발돋움을 하며 꽃대를 키워 올리는 모습도 인상적이다.

내가 금년에 2학년 아이들을 담임하게 된 것은 D의 영향이 적지 않다. 지난해 D는 오며가며 우리 교실을 기웃거렸다.

"선생님, 우리 2학년 되면 꼭 가르쳐주세요."

남의 떡이 더 커 보인다고 창 밖에서 보는 2학년 언니들의 모습이 재미있어 보였던가 보다. 또 나를 2학년 붙박이 담임이라고 생각했는지 모를 일이다. 녀석이 '우리 가르쳐 달라'는 말을 입에 달고 다니자 다른 녀석들도 덩달아 기웃거리며 같은 말을 했다. 무엇 때문에 녀석들에게 다음 학년 저희 담임으로 낙점 찍혔는지 알 수 없는 일이었다. 새 학기가 되어 학년 담임 희망서를 낼 때 그 아이들 얼굴이 먼저 떠올랐다. 11명 중에 결손 가정 아이가 다섯이나 되어 생활 지도 문제만 해도 만만치 않으리라 예상되어 선뜻 마음이 내키지 않는 학년이었는데.

D는 조그만 일에도 '감사합니다'를 입에 달고 다닌다. 사탕 한 알을 받고 감사해하고, 칭찬 한마디에도 온몸으로 감사해한다. 민들레의 꽃말도 '감사하는 마음'이라고 한다. 세상에 대홍수의 재앙이 닥쳤을 때 뿌리가 땅에 박혀 꼼짝 할 수가 없게 된 민들레는 하늘을 향해 간절히 기도하였다. 그러자 갑자기 바람이 불어와 민들레 홀씨는 노아의 방주 지붕 위에 내려앉을 수 있게 되었다. 홍수가 지나간 뒤 맨 먼저 방주에서 뛰어내린 민들레 홀씨가 하느님께 한말이 '감사합니다'라고 한다.

민들레는 참 끈질긴 식물이다. 그것도 서양민들레는 그 화사한 모습만큼이나 억척스런 식물이다. 텃밭에 민들레 한 무더기가 자라고 있어서 뽑아보니, 그것은 지난번에 뽑다가 잘린 뿌리에서 더 많은 포기를 키워낸 것이다. 서양민들레 홀씨는 휴면기가 없고, 씨앗이 어디든 발만 붙이면 그 자리에서 곧바로 싹을 틔우는 부지런한 놈이다. 민들레를 제거할 수 없으면 사랑하는 법을 배우라는 '류시화'시인의 글처럼 제거하는 것보다 사랑하는 것이 쉬운 식물이다. 토종 민들레는 봄이 지나면 꽃을 볼 수 없는 반면 서양민들레는 가을에도 종종 꽃을 피운다.

D는 늘 소변이 급하다. 공부시간마다 엉덩이를 들썩거리며 화장실에 가겠다고 한다. 안 된다고 거절했다가도 녀석의 얼굴을 보면 버릇을 고쳐주겠다는 다짐이 사라진다. 아이의 할머니 말씀이 병원에 가보았는데 큰 이상은 없지만 소변을 본 후에 방광이 깨끗이 비워지지 않고 남아 있다고 한다. 녀석이 어릴 적 할아버지 할머니와 같이 살게 되는 과정에서 겪은 불안이 배변 장애로 나타난 것이 아닌가 싶다. 이제 겨우 아홉 살인데 얼마나 힘들었을까.

녀석은 늘 웃는다. 두 눈을 다 감고 웃는다. 금방 울다가도 웃는다. 울다가 웃으면 어디에 털이 난다고 놀리면 더 웃는다. 꾸중을 들어도 그때 잠깐이고 또 웃는다. 서양민들레꽃처럼 화사하게 웃는다.

얘야, 하얀색 토종 민들레꽃이 자기 땅을 빼앗았다고 뭐라 해도 기죽지 말아라. 어려움이 닥쳐도 겨울 민들레처럼 꿋꿋하게 살아라. 누구보다 먼저 꽃송이를 만들고 꽃대를 올려라. 비가 오면 잠깐 꽃잎을 닫았다가 황금색 예쁜 꽃을 피워 내거라. 그리고 씨앗이 여물면 발돋움을 하여 멀리멀리 보내도록 하여라. 네 꿈을 실어서. 2008

빗자루국화

"선생님 '들꽃마을'에 하얗게 핀 꽃 이름이 뭐죠?"

하얀 꽃들이 무리지어 피어있는 모습이 인상적이었던지 이름을 묻는 사람이 종종 있다. 빗자루국화라는 이름을 가진 그 꽃은 야산에 무리지어 피는데 꽃이 시들면 잘라서 빗자루를 만들어 썼던 모양이다.('들꽃마을'은 우리학교 교정에 있는 들꽃학습원이다.)

빗자루국화는 여름 방학을 며칠 앞둔 날 우리 반 아이들과 같이 부슬비를 맞으며 꽃밭 가장자리에 10m 가량의 고랑을 파고 심은 것이다. 그 꽃은 두어 해 전에 이웃에서 몇 포기 얻어다 우리 집 텃밭에 심은 것인데, 순을 잘라서 꺾꽂이 해 놓았다 뿌리가 내린 뒤 학교 '들꽃마을'에 옮겨 심은 것이다. 포기를 늘리느라고 자라는 대로 두어 차례 순을 잘라 꺾꽂이를 해 놓았더니 이름값을 못하는 난장이 빗자루국화가 되고 말았다.

빗자루국화꽃은 흔히 볼 수 있는 개망초꽃과 많이 닮았지만 조금 다르다. 개망초의 꽃잎은 아주 연한 보라색을 띄며 꽃심이 노랗고, 줄기 끝에 예닐곱 송이가 키대기를 하며 핀다. 반면 빗자루국화의 꽃은 더 작고 가지 꼭대기에서 밑에까지 다닥다닥 핀다. 줄기는 빗자루를 만들어 사용해도 손색이 없을 만큼 단단하다. 개망초는 두해살이, 빗자루국화는 여러해살이 풀이다.

빗자루국화는 꽃이 핀 모습도 좋지만 이름이 더 좋다. 우리 조상은 들꽃 하나에도 멋진 이름을 지어주었다고 생각했다. 헌데 외국에서 관상용으로 들여온 것이 야생화 되었다니 조금 서운하다.

내년에는 순을 잘라내어 포기를 늘리는데 욕심내지 않고 자라는 대로 그냥 두었다가 꽃이 진 뒤 베어서 빗자루를 만들어야겠다. 꽃가지를 한 묶음 베어서 댕댕이덩굴로 다문다문 다발을 묶어 빗자루를 만들어야겠다. 그리고 그 꽃비로 아침 이슬이 내린 마당의 어둠을 썩썩 쓸어낼 것이다. 아직 시들지 않은 꽃이 한두 송이 땅에 떨어지고, 그 마당 너머로 잠든 구름장을 들어올리고 아침 해가 뜨리라. 부지런한 참새 한두 마리가 비질 자국이 선명한 마당을 폴짝폴짝 뛰어다니면 더 좋으리라. 나는 어느 때보다 더 향기롭고 명징한 하루를 시작할 것이다.

야생화들이 철따라 맵시 자랑을 하던 '들꽃마을'이 텅 비어 있다. 잎을 기다리던 꽃무릇은 대궁마저 시들고 마른 땅을 헤집고 나온 푸른 잎은 꽃을 찾아 두리번댄다. 구절초나 감국은 꽃망울을 터뜨리기 아직 이른가 보다. 사람 키보다 훌쩍 큰 개미취의 연보라색 꽃도 시들고 있다. 이제 곧 빗자루국화도 시들 것이다. 바람에 날려간 씨앗은 어딘가에 터를 잡고 자신의 꿈을 실천해 가리라. 그리고 땅에 내린 뿌리는 더 깊고 넓게 퍼져나갈 것이다.

꿈을 꾸기 전에 현실에 너무 일찍 다가 선 아이들이 소원을 빈다. 아주 작고 평범한 것들이다. D는 '아빠가 빨리 결혼했으면 좋겠다'고 말한다. A는 '아빠가 오래오래 살았으면 좋겠다'고 소원한다. C는 '엄마와 행복하게 사는 것이 소원이다'고 공책 한구석에 써 놓았다. 아이들의 소원은 곧 이루어질 것이고, 소원이 있던 자리에 꿈이 자랄 것이다. 처음에는 덜 자라고 덜 익어 색과 모양이 확실치 않을 테지만 차차 구체화할 것이다. 그리고 그 꿈은 뿌리를 내리고 자랄 것이며 새로운 터전을 찾기 위해 하늘 높이 올라갈 것이다.

나는 빗자루국화로 꽃비를 만들어 아이들의 앞길을 썩썩 쓸어 주리라. 아름답고 향기로운 삶을 살아갈 수 있도록. **2008**

사향고양이 커피

"선생님, E가 똥 쌌어요."

아이의 다급한 목소리에 교실 안은 갑자기 조용해지고, 모두의 시선이 E에게 집중되었다. E는 누렇게 오물이 배어나오는 엉덩이 쪽을 손으로 가리고 겁먹은 눈으로 나를 올려다본다. E를 얼른 화장실로 데리고 가서 씻긴 뒤 변기 위에 앉혀 놓았다. 그리고 갈아입힐 적당한 옷이 있는지 각 교실로 메시지를 보냈다. 아이들은 저희는 마치 똥을 안 싸거나 향기 나는 똥을 싸는 것처럼 코를 싸쥐고 고개를 외로 꼰다.

전에 E의 할머니에게 들은 말인데, 녀석은 아무리 급해도 제집 밖에서는 똥을 누지 못한다고 한다. 엄마 얼굴도 모른 채 할머니 손에 자란 아이가 편안한 마음으로 자신을 풀어놓을 곳이 늙은 할머니 옆밖에 없었던 것이다. 불현듯 녀석이 여기저기 흘려놓은 냄새나는 오물들이 서글퍼보였다. 다음날 아이들의 일기 제목은 대부분 'E의 실수'였다. 2학년이나 된, 더구나 공부도 썩 잘하는 E가 그런 실수를 하다니 큰 사건이 아닐 수 없기 때문이리라.

E는 아침에 냄새나는 것을 먹지는 않았을 것이다. 할머니가 정성껏 차려준 음식은 맛있었을 것이다. 고소한 맛, 달콤한 맛, 짭조롬한 맛, 쌉쌀한 맛, 그리고 매콤한 맛과 새콤한 맛이 한데 어우러지거나 서너 가지 맛이 조화롭게 어우러져 음식의 맛을 이룬다. 녀석도 그 맛있는 음식을 먹고 키가 크고 볼에 살이 통통하게 올랐으며, 제법 무거운 것도 불끈 드는 힘이 생겼으리라.

그러나 아무리 맛있는 것을 먹어도 똥은 언제나 고약한 냄새가 난다. 혀에 살살 녹고 혀의 작은 돌기들이 너무 좋아 춤을 출 만큼 맛있는 음식을 먹어도 배설기관을 통해서 나오는 것은 냄새나는 오물이다. 천원도 안 되는 삼립 빵을 먹어도, 단연 최고가라는 철갑상어 알이나 송뢰버섯 요리를 먹는다 해도 배설물은 역시 구린내가 난다. 장 속에서 더부살이 하는 세균들이 숙주를 위해 멀쩡한 음식에서 필요한 것들을 뽑아내고 나면 냄새 고약한 찌꺼기만 남게 된다. 간혹 향기 나는 배설을 하는 경우도 있다. 커피를 먹은 고양이 똥이 세계 최고의 커피 원료로 쓰이는 경우처럼.

옛날에는 똥을 더럽게만 생각하지 않았다. 밖에 나갔다가도 똥과 오줌을 참고 집에 와서 거름을 보탰고, 부잣집에서 동네 젊은이들에게 사랑방을 내준 것은 뒷간의 큰 거름통에 대소변을 보태라는 뜻도 있었다. 개똥마저 모아들여야 했던 시절이 지나니 이제 똥은 천덕꾸러기가 되고 말았다. 제가 눈 것도 더럽다고 엉덩이에 손대는 것까지 꺼려 자동으로 씻고 말려 흔적 없이 처리해 버린다.

죽기로 작정했거나 죽을병에 걸려 극약처방을 받은 경우가 아니면 독이 되는 것을 먹지 않을 것이다. 그런데 돈이라는 놈은 달지도 않고 고소하지도 않은데다 독이 되는 경우도 많은데, 대부분의 사람들은 곪아 터져도 많이 가져보고 싶어 한다. 다른 동물들이 절대로 먹지 않는 그놈을 먹어치우고, 입구와 출구를 강력한 세척기로 말끔히 씻어내는 사람들이 많다.

음식을 먹을 때 배가 너무 부르기 전에 수저를 놓지 않으면 탈이 나서 소화제를 먹어야 한다. 이것저것 가리지 않고 먹어대면 대부분 병에 걸려 고생한다. 돈이라는 놈 역시 마찬가지다. 지나치게 욕심을 부리면 멀쩡한 두 눈이 뒤집혀 못할 짓을 하게 되고, 먹어서는 안 되는 것을 집어삼키면 결국 자유를 잃게 된다. 또 집착하여 쌓아놓으면 변비보다 더한 고통을 겪을 수도 있다.

음식을 먹으면 모두 구린내 나는 똥을 누지만, 다행스럽게도 돈은 종종 사향고양이 커피처럼 향기롭게 쓰인다. 어떤 가수의 출연료는 불우 이웃에게서 향기를 내고, 새우젓 할머니의 비린내 나는 돈은 어린이 도서관에서 빛이 난다. 아이가 아끼던 물건을 알뜰 시장에서 판 500원짜리 동전이 불우 이웃을 위해 쓰일 때, 그 돈은 무엇보다 향기로운 돈이 된다.

내가 조금씩 모아 놓은 것도 냄새가 나거나 독이 되는 것은 아니었나 하고 생각해본다. 그리고 내가 가진 것을 사향고양이 커피만큼이나 향기롭게 쓸 기회를 가져야 하겠다. 2008

천사보다 더 아름다운 아이들

온 가족이 불편한 몸으로 문 밖에 나와 소년이 학교에서 돌아오는 것을 맞이하였습니다.

텔레비전 화면 가득히 클로즈업된 소년이 울먹이며 말했습니다.

"가족들이 모두 장애가 있는데 혼자만 건강하게 태어나서 미안해요."

소년은 복합장애를 가져 굳어진 동생의 손을 연신 닦아주었습니다. 전교 부회장이라는 소년의 얼굴에는 여드름이 송송 나 있습니다.

다음 글은 2학년인 우리 반 K의 일기 일부입니다.

"우리 엄마는 장애자입니다. 내 동생도 장애아입니다. 나는 커서 간호사가 되고 싶습니다. 간호사가 되어 우리 엄마 병을 치료해주고 싶습니다."

K의 어머니는 아이 말대로 장애가 있습니다. 장애가 있는 동생은 금년에 입학하여 같이 학교에 다닙니다. 아이는 동생을 살펴보느라 자주 일학년 교실을 기웃거립니다. 아이 엄마는 간혹 물건을 집어던지며 울기도 한다지만, 그래도 그 아이는 엄마가 만들어 주는 볶음밥이 제일 맛있답니다. 아버지는 끝없이 착하고 순하며 열심히 일합니다. 아이는 손가락을 꼽으며 열심히 덧셈과 뺄셈 공부를 하고, 비록 왼손으로 쓸망정 정성을 다하여 글씨를 씁니다. 간호사가 되려면 공부를 잘해야 한다는 것을 알기 때문입니다.

텔레비전 카메라가 잡은 소년도, 아직 아홉 살인 우리 반 K도 천사보다 더 아름다운 아이들입니다. 다른 아이들은 부모에게 응석을 부리며 떼를 쓸 때도 있고, 형제간에 다툼질할 때도 있을 테지만, 그 아이들은 동생을 보살펴야 하는 일이 자기가 해야 할 일이라고 알고 있습니다. 귀찮지만 어쩔 수 없어 떠맡은 일이 아니고, 혼자만 건강하게 태어난 것이 미안하고 고통을 대신할 수 없어 비롯된 사랑입니다.

장애를 가진 사람이 해마다 태어나는 비율은 크게 변하지 않는다고 합니다. 그들의 불행이 내 것이 될 수도 있었는데, 다행히 나를 비껴간 것입니다. 내게 닥쳤다면 힘들고 지쳐서 쓰러졌을지 모르는데, 그 작은 아이들은 어리고 작은 가슴으로 가족을 감싸 안고 사랑하는 것부터 배웁니다. 누가 시키거나 알려주지 않았는데 자기가 해야 할 일을 알고 실천합니다.

널찍하고 근사한 집은 많은데 가정은 붕괴하여 가고 있습니다. 식구는 있지만 가족은 사라져가고 있습니다. 부모는 자식을 위하여 열심히 일하고, 아이들은 부모의 소망을 이루어드리기 위하여 고개 들 틈도 없이 공부하느라 서로의 아픔을 보지 못했습니다. 보지 못했으니 알지 못하고, 보듬어 안고 감싸주는 것도 배우지 못했습니다. 부지런히 일한 덕택에 넓어진 집안 각자의 방안에 갇혀 나무토막이 되고 장애인이 되어가고 있습니다.

천사는 너무 바빠서 힘든 사람 모두를 살필 시간이 없을 것입니다. 그래서 하느님은 K의 집에 작은 천사 K를 보내셨나 봅니다. 그리고 텔레비전 속 '천국보다 아름다운 세상'의 소년의 집에도 그 소년 천사를 보내셨을 것입니다.

마음속에 버석거리는 낙엽 소리만 가득한 우리는 그 아이들의 따뜻한 의무감을 배워야 할 것입니다. 짐이 너무 많으면 천사가 하늘을 향하여 날 수 없으니 우리가 조금씩 나누어 들어주는 것도 잊지 말아야 할 것입니다. 혹시 그리하면 나무토막이 되어가는 우리 마음에도 새싹이 돋을지 모르는 일입니다. 2007

뿌리가 없더라도

봄입니다. 사람들은 정원에 꽃과 나무를 심고 정성을 다해 가꿀 것입니다.

지난 해 4학년 과학 학습 중에 있었던 일입니다. 식물 뿌리가 하는 일에 대한 실험을 하려고 크기와 잎의 수가 비슷한 명아주를 두 포기 준비했습니다. 한 포기는 그대로, 다른 한 포기는 뿌리를 싹둑 잘라서 긴 플라스틱 화분에 나란히 심었습니다. 그리고 일주일가량 똑같은 조건으로 물을 주며 뿌리가 있는 것과 없는 것이 어떻게 다른지 관찰하는 것입니다.

처음에는 뿌리가 있는 것이나 없는 것이나 별반 다를 게 없었습니다. 두 포기 모두 기력을 회복하지 못하고 고개를 떨어뜨린 채 몸살을 했습니다. 한 사흘쯤 지나자 뿌리가 있는 녀석이 고개를 들었습니다.

그리고 새잎을 내며 자랐습니다. 아이들은 식물의 뿌리가 무슨 일을 하며 왜 필요한지 눈으로 확인하였습니다.

관찰을 거기서 끝내야 했는데 녀석들을 차마 뽑아낼 수 없었습니다. 뿌리 없는 녀석이 처음의 모습 그대로 더 이상 시들지 않은 채 서 있었기 때문입니다. 남의 눈치 볼 것 없는 잡초로 자라던 녀석을 뽑아다 뿌리를 싹둑 잘라버린 연민 때문이었는지 모릅니다. 일주일쯤 지나니 뿌리 없는 녀석도 고개를 들었습니다. 늘어져있던 양 팔에도 힘이 생긴 것입니다. 보름쯤 지나자 녀석에게 드디어 새 잎이 나기 시작했습니다. 잎의 크기가 좀 작고 수가 부족할 뿐 뿌리가 있는 녀석과 별반 다를 것 없이 잘 자랐습니다.

이제 관찰을 끝내야 할 때가 되었습니다. 두 포기의 다른 점과 같은 점을 관찰시킨 뒤 뽑아서 흙을 깨끗이 털어냈습니다. 뿌리가 잘려나간 명아주의 줄기 끝에도 몇 가닥 새 뿌리가 난 것을 본 아이들이 신기해하였습니다.

아이들이 그 시간을 잊지 말았으면 좋겠습니다. 어려운 일을 당했을 때 뿌리 없는 명아주에 다시 뿌리가 나고 새 잎이 생겼던 것을 기억했으면 좋겠습니다. 뿌리가 없으면 다시 만들면 됩니다. 잎의 수가 좀 모자라더라도 양분을 만드는데 큰 지장이 없습니다. 출발이 조금 늦고 수확이 조금 부족하겠지만 결실의 계절은 똑같습니다.

아이들에게 가장 어렵고 힘든 일은 부모가 이혼하는 일이라고 합니다. 집안이 망하고 가족이 뿔뿔이 흩어지는 것을 어려운 일로 꼽는 아이도 있습니다. 자기에게도 닥칠지 모른다는 두려움을 갖는 것 같았습니다. 아이들이 생각하는 미래가 모두 행복한 것은 아니라는 것을 알았습니다.

작고 여린 잡초인 명아주가 죽을힘을 다해 노력한 일이 수포로 돌아갔습니다. 하지만 아이들이 어른이 된 뒤 어려움에 처했을 때 뿌리 없는 명아주가 뿌리를 만들어 낸 일을 생각하고 노력한다면, 작은 명아주의 노력은 위대한 것이 될 것입니다.

봄에는 뜰에 나무를 심으려 합니다. 혹시 뿌리가 없는 나무가 내 몫으로 정해지더라도 버리지 않으렵니다. 그리고 그 나무가 뿌리를 만들어낼 힘과 용기를 갖도록 도와주렵니다. **2005**

친절한 이웃

며칠 후면 여름방학이다. 어디로 튈지 모르는 물방울 같은 아이들이 안전하고 즐겁게 방학을 보내고 건강하게 등교할 수 있도록 철저히 사전 지도를 한다.

"우리 마을에 온 낯선 사람이 길을 물으면 어떻게 해야 할까요?"

"자세히 가르쳐 드려요."

내가 가르치는 2학년 아이들 12명이 입을 모아 한 목소리로 대답한다.

"이장님 댁까지 같이 가자고 하면 어떻게 하죠?"

"가르쳐 드려요."

"부모님께 여쭈어보지 않고 그냥 가도 되나요?"

아이들은 그제야 저희가 뭘 잘못한 모양이라는 얼굴을 한다. 모르는 사람이 길을 물으면 가족의 허락 없이 절대 따라가지 말라고 종 주먹을 대듯 가르쳤건만 아이들은 바른 답(正答)을 한다.

어린이는 우리의 꿈이고 희망이다. 어른들은 어린이들이 아름답고 행복하게 살아가기를 원한다. 아이들의 행복한 미래를 위하여 부모는 손가락 마디가 굵어질 때까지 일하고, 교사는 힘내어 가르친다.

학교 교육 목표 중 하나는 어린이들이 올바른 시민 의식을 가진 사람이 되도록 가르치는 것이다. 특히 초등학교 저학년에서는 이웃과 서로 돕고 예절을 지키며 정답게 살아가는 방법을 가르쳐야 한다.

나는 교과서를 기준으로 아이들에게 이웃사촌으로 살아가는 방법을 가르친다. 이웃을 만나면 공손한 말씨로 인사를 나누고, 길을 묻거나 집을 찾는 사람에게 친절하게 가르쳐주어야 한다고 가르친다. 무거운 물건을 들고 가는 이웃을 도와주어야 하며, 슬픈 일이 있을 때는 같이 슬퍼하고, 힘든 일이 있으면 도와야 한다고 가르친다. 아이들은 예절 바르고 남을 배려할 줄 아는 사람으로 자라기 위해 공부한다.

그러나 요즈음같이 험한 세상에 아이들을 그렇게만 가르치다가는 크게 낭패 당할 수 있다. 글을 가르쳐 달라는 이웃 아저씨가 숫짐승으로 변한 줄 모르고 따라갔다가 돌아오지 못할 수도 있고, 늘 인사를 나누던 이웃사람에게 인질이 되어 목숨을 빼앗기는 경우가 생길 수 있다.

순수하게 자라도 어른이 되면 어려운 세상살이에 변해가는 것이 사람인데, 요즈음의 아이들은 어려서부터 사람을 무작정 믿어서는 안 된다고 배워야 한다. 교사는 '모르는 사람을 따라가지 말라'가 아니고,

아는 사람을 따라갈 때도 가족의 허락을 받아야 한다고 가르쳐야 한다. 세상이 아름답지 못할 때도 있고 믿지 못할 일도 있다고 가르쳐야 하는 교사는 슬프다. 그렇게 배우는 아이들이 너무 불쌍하다.

"선생님, 고모부가 같이 가자고 해도 따라가면 안 되나요?"

아이가 난데없이 질문하는 바람에 말문이 막힌 나는 창문 너머 앞산을 본다.

푸른 하늘을 머리에 이고 누워 있는 앞산은 그래도 세상은 아름다운 것이라며 난감해하는 나를 위로하듯 여유롭게 누워 있다. 2007

고흥 아이들

고홍은 전남의 남쪽 끝에 위치한 꽃게 발가락같이 기다란 반도다.

나는 금년 3월에 이곳의 조그만 초등학교에 부임하여 1학년을 맡았고, 우리 반 아이들은 35명이다. 초롱초롱한 눈들이 하루 대여섯 시간 동안 나를 지켜보고 있다. 참새 주둥이처럼 재재거리는 입, 메뚜기 떼처럼 사방팔방으로 뛰는 놈, 좋아하는 여자 아이에게 뽀뽀하는 놈, 모두 귀여운 놈들이다. 그러나 그 웃음과 재재거림 속에 어른들이 겪기에도 아픈 사연들이 숨어있다. 세대주, 처, 자의 순으로 등재된 주민등록표를 가져온 아이는 그래도 기본적인 행복이 보장된 셈이다.

며칠 동안 가정 방문을 다녔다. 미리 예고하고 갔는데도 학부모를 몇 분밖에 만나지 못했다. 부모가 없는 빈집에 아이들만 있었다. 학교 갈 때 입은 옷을 벽에 걸어두고 내복 바람으로 텔레비전에 눈을 박고 있는 녀석, 학교에서 점심을 먹었는데도 밥상을 차려놓고 군내 나는 김치 쪽을 깨물며 허기를 달래는 아이, 선생님이 오신다고 방안 청소를 하고 있는 녀석들이 나를 맞는다. 부모나 조부모는 마늘밭이나 갯가에 갔거나 농공단지의 가공 공장에 일하러 가고 없다. 빈집에 큰 식구인 개가 컹컹거리며 아는 체한다.

민다는 아주 조그만 녀석이다. 통통하게 살이 오른 뺨이 바닷바람과 봄 햇볕에 가무잡잡하게 탄 귀여운 녀석이다. 녀석은 할머니 손에 자라고 있다. 엄마가 없고 아빠는 서울로 돈 벌러 가느라 큰댁에 맡겨놓았다는데 큰 엄마마저 가출하였다. 사촌 오빠들 틈에 기가 죽어 말을 잃어가고 있지만 그래도 녀석의 눈은 까맣게 빛난다.

대전에서 살다 왔다는 완기 엄마는 내가 충남에서 왔다는 말을 듣고 반색했다. 그들은 아무 연고 없는 이곳에 내려와 빈집에 둥지를 틀었다. 어린 자식을 혼자 두고 밤배를 탈 때가 가장 가슴 아프다는 아이 엄마는 그나마 휴대폰이 있어서 다행이라며 씁쓸하게 웃는다. 녀석은 의젓하고 총명하여 부모의 희망이고 삶의 목표가 되었다.

군산에서 살다왔다는 진희는 외할머니 댁에서 살고 있다. 예쁘장하고 차분하지만 고집을 부리면 당할 재간이 없다. 할머니가 학용품을 불태워버렸다는데 교실에서 하는 것을 보면 할머니가 왜 그렇게까지 했는지 알만하다. 마을 회관에서 만난 증조할머니도 '최가 고집 누가 이기겠수' 한다.

민준이 할머니는 우리 집에 자주 전화를 한다. 이혼한 딸의 피붙이인 녀석이 얻어맞지 않나? 어디서 푸대접받지 않나? 전전긍긍이다. 마침 오늘 녀석이 아파서 결석을 했는데 얼마나 아픈지 궁금했다. 조부모는 모두 남의 마늘밭에 김매러 가고, 녀석 혼자 어둑한 방안에 누워 벌겋게 열이 오른 얼굴로 텔레비전을 보고 있다.

날마다 술만 먹는다는 아빠, 그 아빠의 외박 소식까지 알려주는 신이는 엄마가 몇 년 전에 돌아가셨다고 하는데 그게 아니란다. 그 애 아버지를 만나보고 싶었으나 집에는 허리 굽은 할머니만 계셨다.

그밖에도 불행한 아이들이 많이 있지만 행복한 아이들도 많다. 날마다 요정처럼 예쁜 모습으로 등교하는 진정이, 가방 메고 등교하는 뒷모습만 봐도 예쁘다는 영미, 휴일에 온 가족이 외식한다는 래현이 등.

우리가 마을 안으로 들어서는 것을 보고 마늘밭에서 김 메던 노인이 허리를 펴며 무슨 일로 왔냐고 묻는다. 노인은 우리를 마늘 사러온 상인으로 알았던 모양이다. 지난해도 마늘 농사지어 종자 값도 못 건졌는데 올해도 그 짝 나겠다며 푸념을 늘어놓는다.

밭고랑 사이에 듬성듬성 무덤이 보인다. 비탈에 밭을 만들고, 그 밭에서 일하던 마늘을 닮은 노인들이 늙고 병들어 죽어간 무덤일 것이다. 이 노인도 언젠가 이 땅에 누어 무덤의 주인이 될 것이다. 그 때까지 한숨을 쉬며 번번이 밑지기만 하는 마늘 농사를 짓겠지.

아이들의 조부모가 저렇게 묻혀 있고, 부모들의 대부분이 언젠가 저런 모습으로 이 땅에 눕게 될 것이다. 어쩌면 이 아이들 중의 몇 명도 이 땅에 뿌리를 내릴 것이다. 이곳 말에 큰 사람이 되려면 비암재를 넘어야 된다는 말이 있다. 그다지 높진 않지만 고개 정상에서 고흥군이 끝나고 눈 아래 벌교의 넓은 들판이 펼쳐진다. 남북으로만 벋어 있던 길이 여기서부터 사방으로 열려있어 가고 싶은 곳은 어디든지 선택하여 갈 수 있다.

아이들은 좁고 척박한 이 땅에 싹을 틔워 비록 힘들게 보내고 있지만 앞으로 더 너른 세상을 향해 나갈 것이다. 그들의 가슴에 상큼한 유자 향이 스미고, 피 맺힌 아픔을 참으며 꽃을 피워낸 동백의 노력이 깃들었으며, 찰랑거리는 맑은 바다를 가슴에 품고 자랐기 때문에 더 높고 멀리 날 수 있으리라. 2001

5부

못 먹을 것들

못 먹을 것들

시장에 갔다. 활어를 파는 곳에 발을 들여놓자마자 갯내가 확 풍긴다. 여기저기서 버둥거리는 생선을 뜰채에 건져들고 흥정하느라 왁자하다.

거무죽죽한 농어, 숭어란 놈들이 좁은 수조 속에서 잠수함처럼 미동도 하지 않는다. 푸르스름한 갑옷을 입은 꽃게란 놈은 제 성질을 이기지 못하여 거품을 물고 나뒹굴며 발가락을 휘젓고 있다. 낙지나 주꾸미는 긴 발가락을 꿈틀거리며 탈출 기회를 엿본다. 양식장에서 잘 먹이고 길들여진 광어란 놈은 춤이 낮은 플라스틱 통 안에서 눈알을 굴리며 오가는 사람들을 구경하고 있다. 아직 생명이 남아 있는 활어 살점을 초고추장에 푹 찍어서 감칠맛 나게 먹는 사람들도 심심치 않게 볼 수 있다.

과일전은 또 어떤가. 60, 70년대에는 부잣집 아이들이나 맛보던 바나나는 과일 축에 끼지도 못하며, 한겨울에도 수박, 참외를 먹을 수 있다. 과일전은 세계 각지의 과일들로 넘쳐서 원하면 무엇이든지 사 먹을 수 있다. 그 밖에도 다양한 식품과 먹을거리가 시장 골목 골목에 흔전만전하다.

육간에는 더 말할 나위 없다. 고기는 명절에나 먹는 음식으로만 알고 자라 맛을 제대로 알지 못하는 우리 세대는 고기를 봐도 구미가 당기지 않는다. 그러나 사람들은 자기가 못 먹은 한을 자식들 잘 먹이는 것으로 풀려는 심사인지, 고기 전 앞에서 지갑 열기를 망설이지 않는다. 맛 따라 부위 따라 꽃처럼 장식해놓은 고기는 예쁘기까지 하다.

어른들은 참 좋은 세상이라 말씀하신다. 옛날 같으면 먹을 것이 없어서 허리도 못 펴던 보릿고개가 더 좋은 세월이 되었다고 한다. 춥지도 덥지도 않은데다 먹고 싶은 것 먹고, 가고 싶은 곳 마음대로 갈 수 있으니 이보다 더 좋은 세상이 어디 있냐 하신다. 들어 앉아있던 구부정한 노인들까지 축제나 꽃놀이를 찾아다니며 노년을 즐긴다. 죽기 억울한 세상이라 한다. 오래오래 살고 싶다고 한다. 이렇게 좋은 세상에 못 먹을 것은 나이인데, 마다고 손사래를 쳐도 부득부득 다가서는 놈은 어쩔 수 없다고 푸념한다.

먹을 것이 귀한 시절을 살아온 나는 넘쳐나는 음식을 탐하다 위장병을 앓는다. 내 가난한 위장은 기름진 음식도 마다하고, 얼큰한 음식도 마다한다. 자극적인 것을 피하라는 의사의 권고를 듣지만 달착지근하고 구수한 커피 한잔의 유혹을 뿌리치지 못한다. 남의 기호식품인 커피나 녹차는 내가 먹어서는 안 될 식품이 되었다.

세상에는 먹을거리도 많지만 먹어서는 안 될 것도 참 많다. 진달래꽃은 먹어도 되고 철쭉은 안 된다. 심산에 자라는 산삼은 세상에 더없는 영약이지만 소담스럽게 순을 올리는 천남성은 먹으면 큰일 나는 독초다. 산을 잘 아는 산 사람도 나물과 독초를 구별하지 못하고 먹었다가 혼쭐이 나는 경우를 종종 본다.

그 중에도 절대로 먹어서는 안 되는 것이 있다. 학부모가 월간 잡지 사이에 끼워 건네는 촌지, 공사나 업무 처리가 수월하게 진행되도록 찔러주는 윤활유는 절대 먹어서는 안 된다. 조기입네, 사과입네 하고 둔갑하여 상자 속에 들어앉은 돈다발을 먹는다면 혀끝에 닿는 순간의 단맛이 몸 구석구석을 돌며 역한 냄새를 풍길 것이다. 어떤 이들은 먹어도 되는 것인지 알았다거나, 전혀 모르는 일이라고 딱 잡아뗀다. 또 큼직한 먹을거리를 제공한 사람은 대가(代價)를 바라지 않았다니, 그 마음이 하해(河海) 같다고나 할까.

못 먹을 것이라도 한번 삼키고 나면 내놓지 않는 것은 참 이상한 일이다. 먹어서는 안 되는 농약을 들이킨 사람은 위장을 깨끗이 씻어내기 전에는 살 가망이 없다. 그런데 금덩이나 돈다발을 씹지도 않고 꿀꺽 삼켜도 배탈도 안 난다. 어디로 소화됐는지 거꾸로 매달고 털어 봐도 몇 십만원뿐 온데간데없이 사라져버리니 참 희한한 일이다.

못 먹을 것은 나이라지만 세상에는 못 먹을 것들로 넘쳐난다. 지금부터라도 가려먹고 골라먹어 이 좋은 세상 얼씨구나 춤을 추며 천년 만년 다 같이 살아보자. 2006

파리를 잡으며

어제는 토요일이었다. 일요일의 휴식을 보장받은 날이라 새벽까지 책을 읽다가 잠을 놓치고 말았다. 그 때문인지 점심을 먹고 난 뒤부터 연신 하품이 난다. 마침 아들 녀석이 베개를 내어놓으며 잠깐 눈을 붙이라 한다. 바람 한 점 없이 습기를 잔뜩 머금은 장마더위가 삼복 못지않게 숨 막히게 한다. 금방 찬물을 끼얹었는데도 땀으로 끈적인다. 자리에 누우니 등에 닿는 방바닥의 냉기가 나쁘지 않았다.

잠들만 하니까 땀으로 끈적거리는 살갗 위로 파리란 놈이 슬금슬금 기어 다닌다. 손으로 휘저어 쫓아내고 돌아누웠으나 다시 그 자리에 앉는다. 선풍기의 버튼을 강풍으로 눌러놓고 누웠더니 이번에는 바람이 덜 닿는 종아리에 앉아 기어 다닌다. 차라리 모기라면 손으로 한대 치고 나면 얼얼한 느낌 때문에 가려움도 잊히는데, 이건 손바닥으로 쳐봐야 내 살만 아프지 놈의 잽싼 동작을 당해낼 재간이 없다. 그리고 날아간 놈이 금방 제자리로 돌아와 스멀스멀 기어 다녀 아주 불쾌하다. 파리란 놈도 더위에 지쳐서 기력을 잃고 시원한 곳을 찾아 슬금슬금 기어 다니는 것이 아닌가 싶다. 나는 아예 파리채를 찾아들고 일어났다.

더위에 약한 나는 여름을 좋아하지 않는다. 그러나 그 더위로 내 땅에서 나는 양질의 곡식을 걱정 없이 먹을 수 있다고 생각하면서 더위를 내 것으로 끌어안으면 그냥 저냥 참을 만하다. 그런데 파리, 모기 같은 해충은 아주 질색이다. 국가의 재정 때문인지 요 근래에는 보건당국에서 실시하던 방역 횟수가 바짝 줄어 해충이 더욱 기승을 부린다. 그래도 모기란 놈은 경고음을 내면서 주로 밤에 극성을 부리니 모기장을 치고 그 안에 들어앉으면 그런 대로 피할 수 있다. 그런데 파리란 놈은 사람을 쫓아다니며 귀찮게 군다.

파리란 놈은 출생지부터 더럽고 지저분한 곳이다. 또 그 유충의 생김새는 생각만 해도 역겹다. 그렇지만 그놈들이 지렁이와 함께 폐기물의 일차 분해자 역할을 톡톡히 해내고 있는 것은 고마운 일이다. 어른이 된 놈은 흡사 매미를 축소해 놓은 듯 날렵한 모양새다. 앞다리로 몸을 지탱하고 바짝 치켜든 엉덩이와 날개를 뒷다리로 단장하거나, 뒷다리로 앉아서 나머지 발로 머리와 눈자위를 자꾸 매만지는 놈의 모습이 얄밉기까지 하다. 가벼운 두 날개, 적을 살피기 위한 겹눈과 홑눈, 그리고 깊은 곳의 먹이까지 빨아들이는 빨판. 작은 몸체지만 겉으로 봐서는 유충 때의 모습을 전혀 찾아볼 수가 없다.

음식에 파리가 앉았을 때 우리는 손을 휘저어 쫓아버린다. 그놈은 분명히 오물 구덩이에서 날아왔을 것이다. 다리의 흉측스러운 털에 묻어있는 세균과 오물 덩어리를 내가 먹을 음식에 묻혀 놓고 갔을 것이다. 헌데 그놈은 오물에 제 몸을 적시는 법이 없다. 가느다란 발로 살짝 앉아서 저 취할 것만 취하고 나면, 두 발로 입을 깔끔하게 씻어내어 흔적도 남기지 않는다.

나는 낮잠을 놓쳐버린 화풀이를 하듯 파리채를 들고 놈들을 쫓아다녔다. 식탁의 가장자리에 한 놈이 앉아서 슬금슬금 기어간다. 잡기 편한 쪽으로 움직이면 잡아야겠다고 고누고 있는데 요놈이 눈치 챈 모양이다. 포르르 날아서 내가 들고 있는 파리채 끝에 앉아버린 것이다. 더구나 앞발, 뒷발을 번갈아가며 자꾸 비벼대는 모습이 파리채를 든 나를 비아냥거리는 것 같아 얄밉기까지 하다.

식탁 위에 앉아있는 놈을 파리채로 그놈을 내려치려는 찰나에 날아가 버려 낭패다 싶었는데 곧바로 그 자리에 다른 놈이 앉았다. 이번 놈은 알을 배었는지 궁둥이가 제법 크다. 조금 전의 파리란 놈은 용케도 죽음을 모면했는데 다른 놈이 죽음의 자리로 대신 날아온 것이다.

파리를 놓쳤으면 조금만 기다리면 된다. 대부분 그놈이 제 발로 다시 호구로 찾아든다. 사람도 제 운명의 굴레를 벗어나려고 안간힘을 써도 벗어나지 못하는 모습을 가끔 본다. 그리고 다시는 반복하지 않겠다고 다짐했던 실수를 되풀이하는 경우도 있다. 그렇다고 마냥 좋은 기회를 기다리면 영영 다른 곳으로 날아가 버려 놓치고 마는 때도 있다.

놈들은 또 잡기 곤란한 곳을 잘도 알아내어 골라 앉는다. 잠자는 아들놈의 뺨, 남편의 등, 차려놓은 음식 위, 그리고 뾰족한 병의 주둥이 등. 그럴 때는 내리쳐 봐야 내 쪽에서 낭패를 보게 마련이니 쫓는 수밖에 도리가 없다. 그놈은 그런 곳을 찾아 앉으라고 조상에게 전수받았는지도 모를 일이다.

나는 파리 여러 마리를 잡았다. 한 놈씩 파리가 잡힐 때 귀찮은 녀석들을 잡았다는 생각에 약간 잔인한 쾌감이 느껴진다. 늘어난 잔해에 흡족해하며 빗자루로 쓸어내는데 그 중의 몇 놈이 가볍게 날아가 버리는 것이 아닌가. 죽은 놈들 속에 은신하고 있었는지, 주검 속에서 저 취할 것을 취하고 있었는지 모를 일이다. 저 만큼 기어가는 놈은 엉덩이 부분이 아무 것도 남지 않았는데 용케도 살아서 도망가다 내 촉수에 걸려든 것을 알았나 보다. 방구석에 쌓아놓은 신문지 사이로 잽싸게 숨어버린다. 파리 목숨이라는 말이 있다. 언제 죽을지 모르는 하잘 것 없는 목숨이라는 말 같은데 이걸 보면 파리 목숨도 상당히 질기다.

추한 곳에서 못된 행동을 일삼아 이권을 챙긴 위인들이 지위가 높아지면 못된 일에는 근처에도 가지 않은 얼굴을 하는 경우를 간혹 본다. 까치발로 걸어 다니며 몸을 더럽히지 않고 제 실속을 차리는 파리의 모습에서 사람의 숨은 얼굴을 발견하는 것은 나의 지나친 생각일까. 2001

플라스틱

우리 생활에 깊숙이 들어와 있는 플라스틱, 즉 합성수지는 사전에 외력 또는 열에 의하여 변형된 채 원형으로 돌아가지 않는 물체라고 되어있다. 천연 또는 인공으로 열 가공이 쉬운 재료라고도 씌어 있다. 요즈음 플라스틱의 함량을 달리하여 다양한 공산품을 만들어 내고 있다.

우리네 부엌에서 자연산 바가지가 사라지고, 대신 플라스틱 바가지를 사용하기 시작하면서부터 우리의 생활이 달라지기 시작했다. 그 무렵 '플라토닉 러브'의 플라토닉과 플라스틱의 두 음절이 비슷한 것을 착안하여 우리는 '플라토닉 러브'를 '플라스틱 러브'라고 고쳐 불렀다. 음이 비슷해서 그렇게 불렀는데, 단지 그것 때문에 그랬을까? 하고 뒤늦게 생각해본다.

어머니는 처음 플라스틱 함지를 사오셨을 때 무척 좋아하셨다. 그릇 뒤에 크레파스 조각으로 당신의 장남 이름을 크게 써 넣으셨다. 잃어버리지 않고 오래오래 쓰려는 마음이셨을 게다. 그러나 그 글자가 지워지기도 전 그릇이 깨질 수 있다는 것을 모르셨다. 아니 그릇이 깨지지만 않는다면 당신이 떠난 뒤에도 오래 남아 있으리라는 것을 미리 아신 때문이었는지도 모른다. 어찌되었건 플라스틱 그릇은 어머니에게 구세주나 다름없었다.

어머니는 주석으로 된 함지에 열무나 배추를 담아 이고 행상을 하셨다. 바쁜 농사철을 제외하고는 거의 매일 다니셨다. 나중에는 정수리의 머리카락이 성글성글 해지셨다. 주석 함지는 담아놓은 야채보다 더 무거웠는데, 플라스틱 함지는 가벼웠으니 얼마나 좋으셨을까.

석유화학의 발달로 우리는 플라스틱을 원료로 만든 다양한 용기를 싼 값에 사서 쓸 수 있게 되었다. 물자가 대량 생산되어 풍성하게 넘쳐나는 세상이 되었으나 그것이 주는 피해도 만만치 않다. 플라스틱 용기에서 환경 호르몬이 검출된다는 말에 사용하기 꺼림칙하나 값이 싸고 용도가 다양해서 우리 생활에서 떼어놓지 못한다.

먼지를 뒤집어쓰고 창고 속에 처박혀 있던 플라스틱 그릇이나 아이들의 장난감도 털어 내고 씻으면 깨끗해진다. 때와 먼지 등 외부의 영향에 좀체 물들지 않고, 색도 모양도 그대로이다. 그러나 그 변함없음으로 땅 속에 들어가도 제 온 곳으로 돌아갈 줄 모르니 그것이 문제다. 부패하지 않는 성정으로 보면 대단할 것 같으나 그것도 아니다. 웬만한 충격으로도 깨지거나 금이 간다. 약간의 열에도 형체가 흐물흐물

해지고 녹아내린다. 버리기에는 장점이 많고, 그렇다고 쓰자니 단점도 만만치 않다.

감각과 육체를 떠난 지적 정신적 사랑인 '플라토닉 러브'라는 말은 사라져 사전에서나 찾을 수 있게 되었다. 관능과 육체의 아름다움이 우선 되고 진리가 되어버린 세상이다. 사랑도 마찬가지여서 쉬 뜨거워지고 쉬 변한다. 아무렇지도 않게 시작하고 또 버린다. 쉽게 뜨거워져서 빨리 변하는 그 속성 때문에 우리는 플라토닉을 플라스틱으로 바꿔 부르지 않았던가 하고 엉뚱한 생각을 해본다.

하기야 강화 플라스틱이라는 놈이 나와서 단단함을 자랑하지만 그것 역시 불 속에 들어가면 금방 흐물흐물 해지고 말 것이다. 쉽게 변하는 플라스틱의 발달로 사람의 가슴속 심장까지 플라스틱으로 변해가고 있다. 강한듯하지만 금방 깨지고 녹아버리고 마는 플라스틱 사랑밖에 할 줄 모르는 심장이 되어가고 있다. **2003**

국보 1호

顯妣幽人 漢陽崇氏 神位

2008년 2월 10일 저녁 8시, 365일을 육백열 번이나 쌓아온 우리나라 국보 1호 숭례문에 불이 났다. 온 가족이 텔레비전 앞에 둘러앉아 오락프로그램을 보고 있는데 숭례문 화재 사고 소식이 특보로 전해졌다. 그리고 별일 아니라는 듯이 끊겼던 프로그램이 다시 진행되었다. 연막소독을 하는 것처럼 피어오르던 연기를 향해 물줄기를 뿜어대는 소방차를 보며 별 것 아니니 금방 진화되리라고 걱정도 안 했다. 그런데 다음날 아침 우리가 본 것은 타다 남아 흉물스럽게 서 있는 숭례문의 잔해였다. 전날 저녁 숭례문에서 연기가 피어오르던 모습은 국보 1호 자신이 이승을 떠나는 것을 하늘과 땅에 고하는 초혼의 깃발이었음을 우리는 알지 못했다.

며칠이 지난 뒤까지 문상객이 줄을 이었다. 머리카락이 희끗희끗한 중년 남자가 넋을 잃고 축축하게 젖은 길바닥에 앉아 있다. 노인은 뻣뻣한 다리를 간신히 굽혀 절을 올린 뒤 한참동안 일어나지 못한다. 잿빛 음산한 바람이 노인의 등줄기를 훑고 지나간다. 젊은 어머니와 어린아이는 털장갑 낀 두 손을 모으고 타다 남은 서까래를 올려본다. 고운 단청이 아직 선연한 숭례문의 잔해가 흐린 겨울 하늘을 배경으로 사람들을 내려다본다. 자식 걱정에 마음 편히 눈조차 감지 못한 어머니의 모습으로 사람들을 내려다본다.

어린 시절 어머니는 우리의 신앙이었다. 눈앞에 안 보이면 큰일 날 것처럼 늘 치맛자락에 매달려 지냈다. 좀 더 자란 뒤에는 학비 마련하느라 허리띠를 졸라매고 종종걸음 치던 어머니의 모습을 보고 눈시울을 적시며, 은혜에 꼭 보답하겠다고 다졌다. 그러나 정작 직장을 찾아 떠나면서 나 살기 바빴고, 어머니는 고향마을의 당산나무가 되고 말았다. 어머니는 우리가 힘든 세상에 제 몫을 다하며 사는 것만으로 늘 웃으며 사셨다. 자신의 처마 밑까지 우리에게 내주면서도 흩어짐 없이 정갈하고 아름답던 숭례문을 잊고 살았던 것처럼.

우리들은 여유가 생기자 어머니의 집을 고향집이라 부르며 호사스럽게 색을 입히고 단장을 했다. 그리고 무슨 날이라고 이름 지어진 날에는 우 몰려왔다가 하룻밤 지내기가 바쁘게 떠난다. 새로운 어머니가 되고 아버지가 되어 씨앗을 뿌리고 가꾸느라 여념이 없었다. 나의 국보 1호 - 국보 1호는 나라의 보물 1호이다. 가정의 보물은 가보여야 하겠지만 가정은 작은 나라이며, 나라의 시작이기 때문에 가정의 최고

보물을 국보 1호로 지칭하기도 한다. - 는 어머니라고 말하였지만 국보 1호가 내 자식으로 바뀐 지 오래 전이라는 것을 우리는 이미 알고 있다.

어머니가 언제부터 혼자이셨는지 기억조차 나지 않는다. 우리가 보내드린 용돈과 물건으로 어머니는 다른 사람들보다 다복하다고 확신했다. 택배라는 착한 일꾼이 있어서 그리움이 식어가고 있는 우리의 모습을 어머니께 들키지 않아도 되니 좋았다. 자식이 보낸 물건보다 따뜻한 목소리가 그리웠던 어머니는 밤새 등촉을 밝히고 혼자 외로움을 달래셨는데 우리는 까맣게 몰랐다. 아니 모른 체했다.

설날 우리가 다녀간 며칠 뒤 고향집에 불이 났다. 아픈 몸을 뒤척이다 잠이 드셨을 어머니는 집밖으로 나오시지 못했다. 마를 대로 마른 목조 건물과 함께 어머니의 육신이 불에 타고 말았다. 흉측하게 변한 어머니의 유해를 붙들고 왜 불을 피하지 않으셨냐고 통곡하지만 우리는 어머니 자신이 집과 함께 가기를 원하셨다는 것을 안다. 왜 그 길을 택하셨는지 차마 입 밖에 낼 수 없지만 우리는 이미 알고 있다.

뒤늦은 후회로 가슴 치던 우리는 줄줄이 근조화를 세워놓아 불에 타 흉측하게 변한 어머니의 모습을 감추었다. 그리고 어머니의 시신에 금칠을 하고 비단 수의를 입혀드린 뒤 효성스런 자식이었다는 얼굴로 빈소를 지킨다. 뜬눈으로 영정 앞을 지키던 우리는 화환 뒤에서 어머니가 남긴 전답의 가치는 얼마나 되는지, 조의금은 얼마인지 계산기 두드리기 바빴다.

사람들은 옛날 숭례문의 모습을 복원하려 한다. 옛 모습 그대로 만들어질 테지만 새로 만들어진 숭례문은 국보 1호가 될 수 없다. 우리 할아버지, 할머니 그리고 그 위의 할아버지 할머니들을 내려다보던 숭례문이 아니며, 육백십 년 동안 조상이 남기고 간 흔적은 어디에서도 찾을 수 없는 사진 속에서 빠져나온 건물일 뿐이다. 만약 숭례문이 복원되고 다시 전소되는 불행이 닥친다 해도 아무도 그 앞에서 무릎 꿇지 않을 것이다. 거기에는 아픔을 같이 한 시간이 없고, 참고 기다려준 흔적이 없으며, 어머니의 사랑 같은 그리움이 없기 때문에 가슴 아파 눈물 흘리는 사람도 없을 것이다.

숭례문은 국보 1호였다. 그러나 나의 국보 1호는 우리 어머니이고, 당신의 어머니는 당신의 국보 1호이다. 어머니가 안 계셔서 새어머니를 모신다 해도 우리 어머니와 같을 수는 없다. 새어머니가 아무리 잘해준다 해도 기쁨과 슬픔 그리고 아픔까지 같이한 시간이 없기 때문이다. 이제 어머니에 대한 그리움은 가슴에 묻어두고 내가 어머니가 되고, 국보 1호가 되는 것이다. 넓은 품을 가지고 자식의 아픔을 달래주는 우리 아이들의 국보 1호가 되는 것이다. **2008**

돋보기 안경

사십대 후반부터 나빠지던 눈이 쉰 살을 넘기면서 부쩍 더 나빠졌다. 처음에는 돋보기 안경을 쓰는 것이 거추장스러웠다. 그럴 때는 눈이 금방 피로해져 몇 페이지를 넘기지 못하고 책을 덮어버리기 일쑤였다. 그러나 돋보기 안경을 쓰면 안개 속에 잠겨 있는 글자들이 한 발짝 앞으로 다가서는 것 같이 확실하고, 가느다랗게 쓰인 글자들이 훨씬 굵고 크게 보여서 자주 사용하게 되었다. 그렇다고 좋은 것만은 아니다. 한참동안 안경을 쓰고 책을 읽다가 벗으면 글자들이 모두 그림자를 하나씩 데리고 열병을 하듯이 늘어서 있는 듯하다. 눈을 깜박거려 보고, 손등으로 비벼보기도 하지만 눈의 수정체는 나의 무딘 감정만큼이나 더디게 글자의 그림자를 지워간다.

어린 시절 할머니의 안경으로 검은 종이에 햇빛을 모으면, 빨갛게 타면서 흰 연기가 피어나는 것을 보았을 때 정말 신기하였다. 또 흰 눈 속에 정 육각형 예쁜 결정의 꽃이 숨어있는 것을 봤을 때의 경이로움은 대단했다. 그러나 모른 체 넘어갈 수 있던 것을 돋보기로 확대해 보고 께름칙한 생각이 드는 경우도 있다. 파리의 다리를 관찰한 후의 느낌이 그러하였다.

바느질을 하는 때가 흔치 않으나 간혹 이불 호청을 갈아 끼울 때 바늘귀를 꿰지 못하여 애를 먹는다. 안경을 쓰고 꿰면 쉬울 테지만 썼다 벗었다 하기 귀찮아서 맨눈으로 한참 동안 승강이한다. 침을 발라 실 끝을 뾰족하게 만들어 꿰어보나 정작 바늘귀가 또렷이 보이지 않으니 속수무책이다. 애를 먹는 나를 보고 아이들은 저희들에게 해달라고 하면 될 것을 사서 고생한다고 한다. 공연히 청승을 떤다고 나무라는 것 같아 좋은 기분은 아니다.

눈이 나빠지면서부터 단어의 뜻이나 문장의 의미를 쉽게 인지하지 못하는 경우가 자주 있다. 그런 때는 눈은 글자에 머물지만, 머리는 과거의 어느 구비에서 익혔던 뜻이 전혀 엉뚱한 낱말 언저리에서 맴돌고 있는 자신을 발견한다. 그러니 이해가 더딜 수밖에. 새로운 것을 받아들이기 겁나 이미 경험해서 내 몸에 익숙한 지식을 찾아내어 활용하려는 것이 아닌가 여겨진다.

눈이 먼저 나이를 알아보고 앞서가는 것을 느낀다. 세상의 흔들림에 쉽게 혹하지 않게 되면서 슬며시 노안이 찾아왔다. 그러나 흔들림 없는 주관이라고 자처하는 것도 나의 구미에 맞는 것만 골라서 각색하여 나름대로 키워온 아집이 아닐지 생각해본다.

돋보기 안경을 쓰면 현실의 거리를 제대로 측정하지 못해 곤란을 겪을 때가 많다. 바로 눈앞에 있는 물체를 집으려다 생각한 거리보다 멀찍이 떨어져 있는 것을 알아차리고 나는 공연히 허탈해진다. 계단을 내려갈 때 한 발 내딛었는데 발판이 푹 꺼져버린 것 같을 때 더욱 그렇다.

책을 읽을 때는 돋보기 안경을 꺼내 쓰는 것을 당연히 여기는 노안이 되어버렸지만 마음까지 늙어간다면 큰일이다. 미처 발견하지 못하고 놓쳐버리는 주위의 작고 아름다운 것들은 돋보기를 쓰고라도 찾아내야 하겠다. 그리고 가슴속에서 시들어가는 작은 사랑을 일깨우고, 돋보기로 햇볕을 모아 불씨를 만들어 크고 따뜻한 사랑으로 키워놓아야겠다. 2001

나잇값

새해가 되었는데도 기분이 언짢다. 남들은 근사한 계획을 세우고 새해가 오기 전부터 설렌다 하는데, 나는 이렇다할 계획도 없고 고쳐할 일도 별반 떠오르지 않는다. 신년을 맞는 느낌이 덤덤한 것은 쌓여가는 나이의 무게를 감당하기 어렵고, 생각이 나무의 보굿처럼 굳어가기 때문이리라.

나이가 들면서 남의 눈에 신경 쓰지 않고 넉살을 부려보고, 망령스러운 치기도 부려 보았다. 그런데 그것이 나이 들어 후줄근해가는 모습을 감추려는 애먼 몸짓이고, 나잇값도 못하는 자신을 감추고 옹호하려는 변명일 뿐이다.

"나잇값 좀 해라."

흔히 하고 가끔 듣는 말이다.

어린아이는 어린애다운 맛이 있어야 한다. 어린애가 일찌감치 철이 들어 어른 같은 말이나 행동을 하는 것을 보면 대견해 보이기보다 짠한 마음이 앞선다. 또 나이든 어른이 철없는 차림이나 행동거지를 하는 것도 좋아 보이지 않는다.

나잇값은 얼마나 될까. 그리고 어떻게 사는 것이 나이 값을 다하며 사는 것일까. 어린 아이 나잇값은 얼마이고, 어른의 나잇값은 얼마일까. 청장년의 나잇값은 또 얼마며, 그중에 가장 비싼 것은 어떤 나이일까. 무엇보다 내 나잇값은 얼마일까 궁금하다.

청년의 나잇값이 아마 제일 비쌀 것이다. 청년은 무에서 유를 창조하고, 불가능한 것을 가능하게 만들며, 가장 아름답고 화려하며, 강한 힘을 지니고 있다. 역사를 바꾸는 것도, 세상을 이끌어갈 사람도 그들이다. 심지어 다음 세상을 이끌어갈 생명을 낳고 기르는 것도 그들이 아닌가.

어린 아이 나잇값도 만만치 않을 것이다. 비록 지금 당장 세상을 바꾸거나 불가능한 일을 해 낼 수는 없지만 어린 아이는 잠재력을 지니고 있다. 그들은 젊은 세대조차 상상하지 못한 일을 꿈꾸고 이루어갈 것이다. 꿈이 많은 어린이들은 세상에서 가장 행복하고 그 나이도 청년의 나이 값에 버금가지 않으리라.

귀까지 순해진다는 내 나잇값은 얼마나 될까. 나는 큰 욕심도 없으며 열정도 시들해졌다. 그래서 언성을 높일 일도, 크게 계획을 세울 일도 없으며, 꿀 꿈도 떠오르지 않는다. 그러나 누군가 내 나이만큼만 살 수 있다면 거금을 내놓는 것을 마다하지 않을 사람도 있을 것이다.

어떤 이는 노인을 도서관에 비유하였다. 실패와 성공을 반복하며 축적한 경험은 도서관에 쌓인 연구보고서보다 못하지 않을 것이다. 노인은 아픈 기억도 가슴속에서 몇 바퀴 곰삭으면 오히려 아름다워진다는 것을 알며, 울화가 치미는 일도 얼마 지나지 않아 웃을 수 있다는 것도 안다. 열정에 들떠 잠 못 이루던 밤들은 꿈을 이루는 밑바탕이 되고, 계획한 일을 지금 성취시키지 못했더라도 기회가 또 돌아온다는 것도 안다. 머리가 아닌 가슴으로 다 안다. 그러니 늙어가는 내 나이도 싸구려 땡 처리 값으로 넘어갈 것이 아니라고 생각한다.

내가 값을 치르고 살 수 있는 나이는 아무것도 없다. 어린 나이는 천정부지로 높아서 얼굴도 내밀 수 없을 것이며, 젊은 나이는 희소가치가 높아 팔려는 사람을 찾을 수조차 없을 것이다. 그나마 나이를 몸으로 먹어서 다행이다. 만약 손에 들고 있다면 나보다 더 나이 많은 사람들이 거금을 들고 기회만 엿보고 있어 언제 빼앗길지 모를 일이다.

나잇값은 모두 똑같으며 모두 최고가일 것이다. 어린 나이는 아이에게만 소중하고, 그 나이에 해야 할 일이 있다. 가장 아이답게 웃고, 호되게 아프고 난 뒤에는 훨씬 더 의젓해지는 것이 나잇값을 다하며 사는 것이리라. 청년은 넘치는 에너지를 발산하며 큰일을 벌이고, 그래서 크게 성공하는가 하면 실패도 하고, 또 다시 일어서서 새롭게 시작하는 것이 제 나잇값을 다하며 사는 것이리라. 그리고 나이든 사람은 젊은이나 어린 사람들이 본받을 행동을 하며 침착하게 사는 것이 나잇값을 다하며 사는 것일 게다.

텅 비었거나 허섭스레기만 가득한 도서관으로 남기를 원하는 노인은 없다. 누군가 한 사람에게 만이라도 참고가 될 만한 책 한권쯤 꽂혀 있는 도서관이 되도록 나잇값을 다하며 살아야겠다. 2008

고깃국

내가 어릴 적에는 특별한 날에만 고깃국을 맛볼 수 있었다. 그것도 쇠고깃국은 추석날, 설날 그리고 어른들의 생신이나 제삿날에만 먹을 수 있는 특별한 음식이었다.

어머니는 생일에는 미역을 잔뜩 빨아 넣고 고깃국을 끓이셨고, 다른 날은 무를 숭덩숭덩 썰어 넣고 국을 끓이셨다. 무 건더기나 미역 건더기 사이에 고기가 두어 점 숨어 있어 황소가 강을 건너갔다(黃牛渡江湯)며 웃었지만 그때의 고깃국은 정말 맛있었다. 쫄깃쫄깃한 고기건더기를 보물처럼 찾아내어 잘근잘근 씹으면 구수하고 다다분한 국물 맛이 입안에 고였다. 삼켜버리기 아까워 오래오래 씹으면 섬유질 사이사이에 붙어있던 작은 고깃점까지 떨어져 나와 나를 행복하게 했다.

요즈음은 고기가 넘쳐나는 세상이다. 돼지고기는 말 할 것도 없고 쇠고기 역시 손쉽게 먹을 수 있는 부식거리가 되었다. 외국에서 들어온 값이 헐한 고기로 가난한 우리도 쇠고기에 대한 욕구를 충족시킬 수 있게 되었다. 그런데 수입 쇠고기가 아닌데도 어렸을 적에 먹었던 질긴 쇠고기보다 맛이 없다. 먹을 것이 넘쳐나고 입이 높아져서인지, 아니면 소들의 먹이가 옛날과 달라졌기 때문인지 알 수 없다.

농사꾼의 피를 이어받은 나는 소를 보면 믿음직하면서도 안쓰럽다. 어느 해 아버지는 가을걷이가 끝난 뒤 어린 송아지 한 마리를 사오셨다. 코뚜레를 끼워주고, 멍에를 얹어주며 녀석을 집안의 큰 식구로 만드셨다. 녀석의 등을 쓸어주고 입안을 살펴보며 흡족해하셨던 때가 아버지의 가장 행복한 시절이었다. 고 정주영 씨가 북한에 소를 보냈던 것도, 지금은 부도덕한 과학자가 되어버린 황모 박사가 소를 복제했다는 말에 열광했던 것도 우리의 밑바닥에 소에 대한 믿음과 기대가 있었기 때문이 아닐까.

지난해 우리의 소들은 정말 힘든 한해를 보냈다. 사료 값이 폭등하자 농부는 소의 큰 배를 곯리다 못해 우시장으로 끌고 나갔다. 사람들은 미친 소고기는 먹지 않겠다고 수입을 반대하느라 서울의 양초가 바닥이 났지만 그래도 수입쇠고기는 대형 마트에서 날개 돋친 듯 팔려나갔다. 식당에 가서 불고기나 갈비구이를 시키려 해도, 육간에 가서 쇠고기를 사려 해도 이것이 한우인지 수입고기인지 분간할 수가 없다. 고깃덩어리가 주인의 눈속임을 고발한다고 '나는 수입쇠고기요'하고 피켓을 들고 있는 것도 아니고, 육즙을 뚝뚝 흘리며 검붉게 익어버린 고기에 '이것은 한우다'고 도장을 찍을 수도 없는 일이기 때문이다.

지난해는 사람이 하는 꼴이 기가 막혀 소가 웃었을 것이다. 외상이면 사돈 집 소도 잡아먹듯 빚을 내어 빠른 말 쫓아다니며 느린 소도 이것저것 벌여놓았으니 말이다. 그런데 바늘구멍에 황소바람 들어오듯이 폭풍이 한꺼번에 몰아닥치고, 여기저기서 무너져 내리고 말았다. 마소의 새끼는 시골로 보내고 사람의 새끼는 서울로 보내라 했는데 아직 그것도 모르냐며 우릴 보고 웃었으리라. 그러나 본성이 소를 닮아 시골을 못 떠나는 것을 누굴 원망하랴.

금년은 소의 해이다. 쇠털 같은 날은 아니지만 365일이나 되는 소의 날들이 시작되었다. 소는 버릴 것이 하나도 없다는 말처럼 365일 하루하루가 소중한 날이다. 소 잃고 외양간 고치는 것처럼 연말에 가서 망치 들고 나대지 않으려면, 당장 일어나서 쇠뿔도 단김에 빼듯이 계획을 실천하러 나가야겠다. 소도 언덕이 있어야 비빈다는데 사람인들 오죽하랴. 힘들 때 서로 도와주며 느릿느릿 황소걸음일망정 뚜벅뚜벅 정확하게 걸어가면 빈 집에 소 들어오듯 우리의 빈 곳간도 채워지리라.

오늘은 육간에 가서 쇠고기 한칼을 끊어다가 무를 숭덩숭덩 썰어 넣고 국을 끓여 오래된 간장으로 간을 맞추어 식구들과 먹어야겠다. 그리고 소의 해 첫걸음을 씩씩하게 내딛어야겠다.

육간에 가서 이것은 꼭 확인해야겠지.

"이거 한우 맞나요?" 하고. **2009**

떡집 남자

영광에는 모시 잎 송편이 유명하다. 모시풀의 잎을 삶아서 쌀을 섞어 만든 떡인데, 찰지고 은은한 향이 풍겨 쑥 송편과는 또 다른 맛이 난다. 모양도 인심 좋은 시골 아낙 마음만큼 푸짐하게 커서 두세 개만 먹어도 한 끼 식사를 대신할 수 있다. 나는 토요일마다 영광에서 군산으로 오는 고속버스를 탄다. 수업이 끝나고 서둘러도 버스 출발 시각에 임박해서 터미널에 도착한다. 자연히 점심 먹을 시간이 없어 그 모시 잎 송편 몇 개로 끼니를 대신하는 때가 많았다.

버스 터미널 옆에 재래시장이 있고, 떡집이 터미널을 마주보고 줄지어 있다. 그런데 나는 꼭 한집에서만 떡을 사곤 했다. 그날도 떡을 사러 떡집에 갔다. 늘 부산스러웠는데 그날은 주인 남자 혼자 등을 돌리고 앉아 전화를 받고 있었다. 한참을 기다려도 계속 통화하고 있는 것이 아닌가. 나와 같이 서 있던 여인은 기다리다 못해 가버렸다.

차를 타려면 시간이 넉넉해도 공연히 마음이 바쁘다. 나는 시계를 흘끗 본 뒤 떡 좀 달라고 했다. 못 들은 것 같아서 큰소리로 한 번 더 말했다. 한참 후에 수화기를 내려놓은 남자가 나를 쳐다본다. '얼마나 드릴까요?' 혹은 '뭐가 그리 급해?' 하는 등 웃는 얼굴로 한마디 건넬 법하다.

나와 눈이 마주친 그 남자는 통화하는데 예의 없이 재촉한다고 볼멘소리를 던진다. 기가 막히다. 손님은 왕이라는 말을 제치고라도 그런 말이 나올 수 있는 상황은 아니다. 아무리 바쁘고 중요한 전화라 할지라도 잠깐 기다리라는 말 한마디면 되었다.

화가 난 나는 안사면 고만이라는 생각으로 그 집을 나와 버렸다. 그런데 버스를 기다리며 의자에 앉아 있자니 울화가 치밀어 견딜 수가 없었다. 뒤돌아서 그 집을 찾아갔다. 남자에게 사과를 받아야할 것 같았다. 뭐가 예의에 어긋나는 행동이냐고 따져 물었다. 남자는 통화 하는데 재촉하는 것은 예의가 아니라는 것이다. 자연히 언성이 높아지고 안에서 점심을 먹던 그의 아내와 종업원들이 나왔다. 여러 차례 그 집을 드나들어 안면이 있는 사람들이다. 그들은 미안하다며 나를 말렸다. 잘잘못은 제쳐두고 시끄러운 이 상황을 빨리 끝내기 위해서라는 생각에 이르자 더욱 화가 났다.

오늘은 떡 두 박스를 샀다. 물론 다른 집에서 산 것이다. 모시 잎 송편의 소박하고 구수한 맛에 취한 충청도 사람들이 내게 부탁을 했기 때문이다. 널린 게 떡집인데 그 집에 다시 갈 필요는 없다. 전에도 통화중인 사람 기다리지 말고 다른 집에 가서 샀더라면 불미스러운 일도 없었을 텐데 하고 후회되었다. 나는 떡 박스를 들고 그 집 앞을 지나다 주인 여자와 눈이 마주쳤지만 외면해버렸다. 그리고 그 여자가 잘 볼 수 있도록 박스를 옮겨들었다.

"군산 한 장."

두꺼운 유리로 가로막힌 매표소 창구에 돈을 밀어 넣는다. 대합실의 소란스러움 때문에 의사 전달이 되지 않을까봐 나는 간단하고 크게 말했다. 창구의 여직원이 흘끔 나를 쳐다본다. 언제나 그렇게 말했고, 그들이 무관심한 표정으로 건네주는 승차권을 건네받았는데 오늘은 좀 다르다. 다시 고쳐 말한다.

"군산 한 장 주세요."

떡의 무게만큼 떡집 남자와 말다툼한 것이 후회되었다. 2004

친목 운동

"오후 3시 30분부터 운동장에서 친목배구를 하겠습니다."

교무부장의 깐깐한 목소리가 스피커를 통해 흘러나온다.

대부분의 교사들이 선호하는 친목운동은 배구다. 간혹 탁구를 하거나 윷놀이를 하는 경우도 있으나 드문 일이다. 축구의 열풍이 온 나라를 휩쓸 때도 축구 중계가 없는 친목일에는 운동장에 백 회로 선을 그리고 네트를 친 뒤 배구 경기를 했다.

여직원들은 대부분 자리를 메우고 인원수 채우는 역할을 한다. 나는 자리 메우는 일마저도 버겁다. 배구뿐만 아니라 탁구도 별로다. 심지어 윷놀이도 구미에 당기지 않는다.

나는 어릴 때부터 운동을 싫어하였다. 아이들이 집 앞 타작마당에서 왁자지껄 떠들어도 나는 관심이 없었다. 나가 놀라는 어머니의 성화에 쫓기듯이 나와서 나무 그늘 밑이나 양지쪽에 쪼그리고 앉아 있기 일쑤였다. 보다 못한 어머니는 나도 한 축 끼워주라고 부탁하시곤 했다. 그러나 자기들이 일껏 확보해 놓은 점수나 목표를 까먹는 것이 고작인 나를 어느 편도 좋아할 리 없다.

친구들이 생각해 낸 것이 '왔다리'란 것이다. 이런 말이 사전에 있는지 모르겠지만 이쪽 편이 됐다가 저쪽 편도 되는 있으나 마나한 존재이다. 나 같이 못하는 사람이나, 너무 잘해서 상대가 없고 서로 자기편으로 만들고 싶은 사람을 '왔다리'를 시켰다. 어찌 보면 중요한 존재이기도 하다.

내 능력은 미미해서 이쪽에도 저쪽에도 큰 득이 되지 못했다. 아이들도 별스럽게 생각하지 않았다. 그러나 간혹 큰 실수를 하는 경우가 있다. 윷놀이로 치면 '뒤로 도'를 하는 격이다. 그래서 그 '도'때문에 상대에게 말을 잡아먹히는 꼴을 당하게 되면 그들의 눈초리가 정말 살벌해진다. 바늘 같은 눈길이 내 등판에 따갑게 꽂히면 나는 더 견뎌내지 못한다. 그래 그 자리에서 그만 두고 집안으로 들어와 버린다. 단짝 친구가 한번쯤 불러주면 못이기는 척 다시 할 수도 있겠지만 그들도 내 무재주의 불똥이 저희 편에 떨어질까 봐 오히려 반기는 눈치다. 나는 줄넘기, 고무줄뛰기, 사방치기, 비사치기 다 못한다.

어머니의 성화에 못이긴 남동생은 간혹 저희들 놀이에 나를 끼워주었다. 여름에 물이 자작한 개울에서 송사리를 잡기도 하고, 삼지창을 고누어 개구리를 잡았다. 가을이면 큰 유리병에 메뚜기를 잡고, 귀신이 나올 것 같은 폐허를 뒤지기도 했다. 겨울에는 긴 갈고리를 들고 들쥐가 저장해 놓은 나락을 파내기도 하고, 물 빠진 논바닥을 삽으로 뒤엎어 미꾸라지를 잡았다. 나는 뒤 따라다니는 것이 고작이었지만 살아있는 것들을 보고 만질 수 있었으며, 이길 필요가 없는 놀이여서 재미있었다.

여자 애들의 놀이에도 재미있는 것이 없었던 것은 아니다. 봄 햇살이 따사로운 밭두렁에서 나물 캐고 삘기 뽑기, 뒷산 소나무 가지에 올라 송진 - 송진을 껌처럼 씹고 다녔다 - 을 따 모으기, 보리밭의 깜부기 뽑아 친구얼굴에 그림 그려주기 등이 그것이다. 고무줄뛰기나 줄넘기보다 훨씬 재미있는 놀이였다. 그 놀이에도 경쟁이 없었을까마는 나는 결코 덤이 아니었고 '왔다리'도 아니었다. 그저 즐겁고 신이 났다.

오늘은 기어코 한 자리 들어가라고 권한다. 출장 간 직원이 둘이나 있어서 자리를 비워둘 수 없다는 것이다. 같은 편 남자 직원은 내가 받아줄 테니 걱정 말고 자리나 지키라고 한다. 권에 못 이겨 네트 밑 구석에 섰다. 무서워 말고 두 손을 모아 대기만 하면 공이 저절로 튕겨 나간다고 시범을 보이며 친절을 베푼다.

그런데 공은 왜 나 있는 쪽으로만 날아오는지. 자신이 받아주겠다며 나를 안심시켰던 사람도 좋지 않은 눈치다. 내 쪽으로 공을 보낸 사람은 미안한 얼굴을 했지만 그 다음도 영락없이 내가 서 있는 곳을 공격한다. 미안함보다 경기에서 이기려는 승부욕이 앞서기 때문이리라. 그래 자연히 허점을 찾아 공격하게 되고, 나는 그 공을 받지 못해 점수를 또 잃는다. 당연히 첫 세트에 우리 쪽이 질 수밖에.

나는 더 이상 견디지 못했다. 물 마시러 가는 양 하고 교실로 들어

왔다. 내가 빠졌는데도 우리 편이 졌다. 나 때문이었던 것 같아 미안했다. 그러나 선수가 빠진 허점은 어쩔 수 없었을 것이다. 나는 덤이었던 것을…….

그러나 세상사 경쟁이고 시합인 것을 어찌하겠는가! 2003

금붕어

여름방학이 시작된지 근 십여 일 만에 출근하였다. 집이 멀다고 학교 근처에 살고 있는 직원들이 당직을 대신해 준 덕택에 푹 쉴 수 있었다. 십여 일 이상 닫혀 있던 교실 문을 열었다. 후끈하고 텁텁한 곰팡이 냄새가 확 달려든다. 직육면체 속에 갇혀 있던 공기가 열린 문으로 스멀스멀 빠져나간다. 창문을 열고 선풍기를 돌린다. 밖의 신선한 바람이 들어와 곰팡이 냄새를 서서히 희석해 놓는다.

수조(水槽) 속 기포 발생기는 닫혀 있던 교실에서 일어난 지난 일들을 고자질하느라 진저리를 치며 뒤스럭거린다. 수조의 유리벽은 황록색 페인트를 칠해 놓은 것처럼 퍼렇다. 우렁이들은 유리의 이끼를 닦아내고 더듬이를 움직이며 아는 체한다. 기포 발생기는 물고기와 우렁이가 살아 있는 것은 제가 이렇게 쉬지 않고 공기방울을 만들었기 때문이라며 다시 한 번 자발을 떤다.

내가 다가서자 금붕어는 물 위로 입을 내놓는다. 입이 동그랗고 크다. 빼끔빼끔 소리가 들린다. 밥을 달라고 아우성치는 듯하다. 한동안 빼끔 거려도 밥줄 기미가 보이지 않으니 물속으로 자맥질을 하며 꼬리 지느러미를 한들거린다. 먹을 것을 얻으려 한껏 솜씨 자랑을 하는 듯 보인다.

그런데 금붕어 한 마리가 보이지 않는다. 애초에 금붕어는 네 마리였다. 주황색인 큰 놈 두 마리와 주황색과 흰색 얼룩무늬가 있는 조금 작은 놈 한 마리, 몸집이 아주 작은 놈이 한 마리 있었다. 작은 놈은 민물고기를 닮아 색도 별스럽지 않고 지느러미도 시원치 않았는데 그 놈이 없어진 것이다.

물 위에 몇 가닥 붕어마름 줄기가 둥둥 떠 있다. 잎사귀는 거의 없어졌다. 교실을 비우기 전에 어항 속에 붕어마름을 많이 넣어주었다. 흙을 깔고 돌로 눌러 마치 물풀이 난 것처럼 만들었다. 우렁이도 몇 마리 같이 넣어 주었다. 삼복의 달궈진 태양빛을 덜 받으라고 물 위에도 물풀을 띄워주었다. 분명 뿌리까지 뽑아서 옮겨놓았다. 그런데 잎도 없는 몇 가닥 줄기가 떠 있을 뿐이다. 삭아버린 것일까.

금붕어란 놈들은 식탐이 대단하다. 전에 금붕어를 키울 때 먹는 모습이 신기해서 밥을 자주 준 일이 있다. 배가 풍선같이 부풀어 올라도 먹고 또 먹더니 죽고 말았다. 그러나 오랫동안 밥을 주지 않아도 웬만해서는 죽지 않는다.

보름 쯤 굶겨도 끄떡없을 것이라고 믿고, 출근하는 직원에게 금붕어

밥 줄 것을 부탁하지 않았다. 그런데 물풀이 다 없어지고 아주 작은 놈 한 마리가 흔적도 없이 사라져 버린 것이다. 만약 제 몸 안의 야생성이 되살아나 수조 밖으로 튀어나갔다면 교실바닥 어딘가에 흔적이 남아 있을 텐데, 그것도 아니다. 그렇다면 그 작은 물고기는 어디로 갔을까? 마치 처음부터 저희 셋만 있었는데 무슨 말이냐고 되묻듯 유유히 헤엄 치는 놈들이 무서워진다. 녀석들이 달려들어 내 팔을 물고 늘어질 것만 같다.

나는 얼른 봉지를 열고 수조(水槽) 속에 붕어 밥을 듬뿍 넣어 주었다. 입을 크게 벌린 녀석들이 넙죽넙죽 먹이를 삼키는 소리가 들린다. 우적우적 씹는 소리도 들리는 것 같다. 나는 물고기를 굶기고도 아무렇지도 않았던 내 잘못을 탓한다.

산다는 것은 무섭다. 산목숨이 굶주린다는 것은 더 무섭다. 더구나 작고 여린 목숨이 굶주리는데도 무관심한 것은 더 잔인하고 무서운 일이다. **2002**

6부

나이 들어 좋은 것들

장님의 등불

유리창 닦기

신발

아버지 두 분에 어머니 두 분

남자 친구

야간열차에서

고물상의 시계

죽음에 대한 생각

말과 소리

나이 들어 좋은 것들

장님의 등불

발급받은 지 몇 해째 장롱 속에서 잠자던 운전면허증을 꺼내들고 지난해부터 승용차로 출퇴근한다. 하지만 가능하면 걷거나 버스를 이용했기 때문에 운전한 날을 합하면 육십 여일도 채 되지 않을 것이다. 거기에다 기계라면 겁부터 내는 성격 탓에 운전 솜씨는 초보에서 한 발 짝도 늘지 않았다. 그런데 금년에는 걸어서 출퇴근하기에는 마땅치 않은 곳으로 전근을 가게 되어 아무래도 차를 더 타야 할 것 같다.

아들 녀석이 고딕체의 글씨로 커다랗게 초보운전이라고 써서 내가 타고 다닐 차의 뒤 유리에 붙여놓았다. 지난해도 그 딱지를 붙여 주었는데, 올해는 더 큰 글씨로 써 붙여놓은 것이다. 그것만으로 늙은 어미의 운전 솜씨가 미덥지 않았던지 흐린 날은 물론 어둡지 않아도 아침저녁에는 하향전조등을 꼭 켜고 다니라고 신신 당부한다.

초보운전 딱지를 붙이면 질이 좋지 않은 운전자들에게 무시당하거나 금전적 피해를 입을 수 있다는 소리를 들은 적이 있다. 그래 붙이지 말라고 해도 아들 녀석은 처음보다 핸들이 손에 익기 시작한 지금이 방심하기 쉬워 더 위험하다고 한다. 어디로 굴러갈지 모르는 내 차를 상대방들이 미리 알아서 피해가라는 표시라고 한다. 장님의 등불인 것이다.

장님이 등불을 들고 밤거리를 걷고 있었다. 지나가는 사람이 장님이면 등불을 들으나 안 들으나 안 보이는 것은 매 한가지일 텐데, 왜 들고 다니느냐고 물었다. 그는 다른 사람들이 앞 못 보는 자신을 잘 피해가라고 들고 다닌다고 말했다. 맞는 말이다. 또 자기가 위험에 처했다 해도 어두우면 볼 수 없으니 도와줄 수 없을 거라고 말했다. 역시 맞는 말이다. 내가 당신을 피할 수 없으니 당신이 나를 먼저 발견하고 피해 가라는 배려이고, 자신의 안전을 보살펴달라는 말없는 부탁이다.

내 초보 운전 딱지는 장님의 등불 역할을 톡톡히 해내고 있다. 덩치 큰 차가 뒤에 바짝 따라 붙으면 금방 덮칠 것만 같아서 겁이 난다. 그들은 내 초보운전 딱지를 보고 대부분 무시하고 추월하여 지나가고 나는 그제야 안심한다. 차가 밀려 오도 가도 못하고 엉거주춤 서서 진땀을 흘릴 때는, 창밖으로 얼굴을 내밀고 손짓으로 '오라이 오라이'를 연발하며 길 인도 해주는 운전자를 만나기도 한다. 초보운전 딱지 덕에 변명이 되고 용서가 된 것이다.

나만 바로 걸으면 다른 사람에게 피해주지 않으려니 하며 살았다. 그것으로 만족했다. 그러나 완전하지 못한 내가 어찌 다른 사람에게 피해주지 않았겠는가. 나의 미숙한 운전 솜씨가 다른 사람에게 피해를 주듯 무심한 나의 말과 행동 때문에 가슴 아파했던 사람들이 분명히 있을 것이다.

삶은 언제나 초보다. 젊은이에게도, 나같이 나이 많은 사람에게도 어제와 같은 오늘은 없다. 그리고 내일은 전혀 새로운 시작이다. 나는 확실치 못한 내일을 향해 장님처럼 더듬거리며 걸어가고 있다.

내가 만약 어둠을 향해 걸어가거나 잘못된 길로 들어서면 누군가 얼른 나를 바로잡아 줄 수 있도록 등피를 닦고 심지를 올려 불을 밝히고 가야겠다. 2007

유리창 닦기

봄이 멀지 않아서인지 겨울 날씨치고는 포근하다. 창 밖에는 알몸을 드러낸 은행나무가 무뚝뚝한 사내처럼 하늘을 응시하고 서 있다. 나도 은행나무가 가리키는 끝을 따라 하늘을 올려다본다. 해도, 하늘도, 은행나무 줄기도 촉촉이 습기를 머금고 있다.

불현듯 유리창을 닦아야겠다는 생각이 들었다. 겨울 동안은 외풍을 막느라 대부분 문을 꼭꼭 닫고 지냈는데, 안쪽 불투명유리문을 열고 보니 바깥쪽 투명유리가 너무 더럽다. 플라스틱 들통에 물을 담아오고 자루걸레와 세제도 준비했다. 남편은 날도 추운데 공연히 수선을 떤다는 표정을 지으며 혼자 벌인 일이니 알아서 하라는 눈치다.

가을에는 창문을 열어젖히기 선득하여 문을 닫고 창유리를 자주 닦는 편이다. 깨끗하게 닦인 유리창을 통해 들어오는 햇볕은 따뜻해서 좋고, 창유리 크기보다 더 크게 잘라낸 하늘이 맑게 내 앞에 펼쳐지기 때문이다. 그런데 유리를 깨끗이 닦았는데도 흐린 날씨 탓에 하늘은 돌 하나만 던져도 금방 흐려지고 마는 웅덩이에 고인 물 같아 보인다. 바짓가랑이와 소맷자락이 젖어서 냉기가 몸 안으로 스며들어온다. 봄이 멀지 않다고 생각했는데 아직은 겨울이어서 나는 쫓기듯 방안으로 들어왔다.

그동안 아무렇지도 않게 보아오던 벽에 걸린 거울도 오늘은 유난히 더럽게 보인다. 창유리를 닦은 뒤라서 더 더러워 보이는가 보다. 내친 김에 방안의 거울도 닦는다. 예전의 거울은 면이 고르지 못하여 이마가 길어지기도 하고, 주름 종이를 접어놓은 것 같이 턱이 오그라들기도 하며 묘한 얼굴을 만들었는데, 요즈음 옷가게 같은 곳에 걸린 거울은 오히려 내 실제보다 날씬하게 보여 충동구매를 부추긴다. 속없는 거울은 닦아 놓으니까 내 얼굴의 주름살과 기미까지 속속들이 찾아내 보여준다. 나는 공연히 거울을 닦았나 보다며 피식 웃었다.

사람들은 밖을 보기 위하여 유리를 집안에 들여놓았다. 유리가 귀했던 시절에는 장지문에 네모난 구멍을 만들고 손바닥만 한 유리 조각을 붙여놓고 밖을 내다보았다. 문을 열지 않아도 밖에 무슨 일이 있으며, 누가 왔는지 알기 위한 것이었으리라. 바깥사람의 동태를 살피고 얼른 대처하여 민망한 모습을 보이지 않기 위해 붙여놓았을 지도 모른다.

자식 놈이 제 방문을 쾅 닫아버리고 들어앉아 있으면 녀석의 방문에 유리 한 조각을 붙여놓고 싶어진다. 아들 녀석의 미심쩍은 구석을 훔쳐보고 싶어서이다. 그런데 유리조각이 아닌 거울을 붙여둔다면 어떨까하고 다시 생각한다. 아들놈은 방에 들어가면서 어쩔 수 없이 제 얼굴을 보게 될 것이다. 또 놈을 훔쳐보고 싶은 나도 내 얼굴을 볼 수 있을 테니, 우리 모자는 스스로 보기에도 가관인 제 얼굴을 보며 반성하게 되지 않을까?

유리의 뒷면에 약품을 발라서 빛의 통과를 막아놓은 것이 거울이다. 유리로 거울을 만들기 전에 조상들은 동경(銅鏡)을 만들어 자신의 얼굴 보는 것을 즐겼으리라. 그보다 전에는 웅덩이에 고인 물에 자신의 모습을 비추어 보았을지도 모른다. 사람들은 무엇 때문에 제 모습을 보고 싶어 했을까.

분명히 유리를 통하여 밖에 있는 남들을 보고 있었는데, 어느새 유리가 거울이 되어 내 모습을 반사시켜줄 때가 있다. 유리의 한쪽을 어두운 천이나 종이로 가렸거나, 창 밖에 어둠이 내릴 때, 내가 타고 있는 열차가 터널 속으로 들어갈 때가 그러하다. 그럴 때면 창밖의 풍경과 내가 처해 있는 현실이 하나가 되어서 묘한 분위기를 만들어 낸다. 나는 혼자 있는 것이 아니고 남들과 섞여 있으며, 나는 여기 의자에 앉아 있으면서 또 밖에 있는 것이다.

유리는 밖을 보기 위한 창이면서, 나를 보여주는 창이기도 하다. 내 모습도 제대로 볼 줄 모르면서 남을 훔쳐보며 밖을 탐할 자격은 없지만, 혹여 더러운 유리창을 통해 보이는 내 모습이 바로 나라고 생각하는 이가 있을지도 모르는 일이다. 그래 내일도, 그리고 모레도 깨끗이 유리를 닦아야겠다. 2000

신발

몇 년 전 모 계간지 신인상 시상식장에 참석하였다. 내 글은 그 전년도 수상작인데, 잡지사의 형편에 의하여 합동으로 시상식을 갖게 된 것이다. 자연히 긴장감이 떨어지고 흥미가 덜했다. 원로 문학인들이 모인 자리라는데 나는 아는 이가 없고, 남의 잔치에 구경 온 느낌이 들었다. 간혹 책을 통해서 아는 이름이 거명될 때는 고개를 돌려 '아, 저 분이었구나!' 하며 쳐다보았다.

등단 기별로 자리에 앉았다. 내 자리는 맨 앞좌석이다. 시선 둘 곳이 마땅치 않아 여기저기 두리번거리던 나는 칠이 벗겨져 후줄근해진 내 구두에 눈길이 머물렀다. 먼 거리에서 버스를 타고 허겁지겁 달려와 뿌옇게 먼지까지 묻어 있었다. 맞은 편 앞자리에 앉은 사람들의 시선이 내 구두에 머물고 있는 것 같아 발을 어떻게 간수해야 할 지 난감

했다. 진즉에 버리고 새로 사 신지 못한 것이 후회되었다.

틀에 맞추어 똑같이 만들어진 신발이라도 신는 사람의 모습이나 습관 따라 모양이 바뀌고 수명이 달라진다. 처음에는 새 신이 주인의 발을 옥죄어 아프게 하지만 시간이 지나면 거꾸로 주인에게 지배당하게 되어, 벗어 놓은 신발만 보고도 누구의 것인지 쉽게 알 수 있다. 뒤축이 굽혀진 운동화는 털털한 A의 것이고, 한쪽 굽이 더 닳은 구두는 약간 절며 걷는 B의 것이다. 배처럼 넙죽하게 벌어진 단화는 뚱뚱한 C의 것이다.

신발은 인간의 굴레가 된다. 제 모습을 바꾸어가며 주인에게 적응해 가지만 대부분의 사람들은 신을 벗고는 살 수 없다. 나는 자주 신발을 벗고 길을 걸어본다. 맨 발로 땅을 밟으면 부드러운 흙의 느낌도 좋고, 돌을 밟아 발바닥에 전해오는 아픔도 산뜻하게 느껴진다. 뜨뜻해진 아스팔트를 걷는 느낌도 나쁘지 않다. 풀밭을 밟으면 발바닥 밑에서 곰실거리는 느낌도 좋다. 그러나 신을 다시 신었을 때의 편안함은 마치 안방에 든 것 같이 좋다. 신을 신고 걷는 편안함이 보장되지 않는다면 신을 벗는 일탈의 행동을 염두에 두지 않을 것이다.

불현듯 지금은 고인이 된 우리 고장의 갑부 G씨의 고무신 이야기가 생각난다. 어느 날 고장의 유지들이 회식을 가졌다 한다. 화기애애하게 식사를 마치고 나왔는데 큰일이 벌어졌다. G씨의 헌 고무신이 없어진 것이다. 도둑이 들었을 리 없고, 도둑이 들었대도 누가 헌 고무신을 가져갔겠는가. 알고 보니 일하는 사람이 멋진 구두 속에 끼인 헌 고무신을 버린 것이다. 쓰레기통에서 다시 찾아다 정중히 대령한 고무신을 신고 G씨는 유유히 걸어 나갔다. G씨가 그리 당당할 수 있었던 것은 자신의 삶에 당당할 수 있었기 때문이리라. 고무신을 신고 떠난 그는 지금 저승에서도 당당하게 살고 있을 것 같다.

버린 줄 알았다. 아니 분명 버렸다. 그런데 집 안 구석진 곳에서 코가 납작하게 찌그러지고, 몸채가 뒤틀린 채 먼지를 뒤집어쓰고 있는 헌 신발을 간혹 발견하게 된다. 내 것이 아니라고 밀어내 보지만 오랜 시간이 지났는데도 그 헌 신발은 내 습관과 모습까지 기억하고 서성거리고 있었다.

처음부터 버릴 것을 염두에 두었으니 내 것으로 정해졌는데도 정이 붙을 리 없었다. 당연히 건사할 필요를 못 느끼고, 팔 걷어붙이고 맞닥뜨릴 용기도 생기지 않았다. 그러면서도 냉큼 버리지 못하는 것은 후줄근해진 헌 신발에 길들여진 때문이리라. 헌 신발이 내 것이었고 바로 내 삶인데도 그것은 임시였다고 손사래를 친다.

언제쯤 이것은 내 것이다 하고 확신이 서는 것을 찾아 아끼며 소유하게 될지 모르겠다. 하여 내 신이 비록 헌신발이지만 이제라도 기름칠해서 닦고 뒤축을 갈아가며 소중히 여긴다면 더 오래 신고 모양도 과히 뒤틀리지 않으리라.

백화점에 가서 멋지고 튼튼한 구두를 사야겠다. 그리고 닦고 아끼며 오래오래 신어야겠다. 2002

아버지 두 분에
어머니 두 분

우리 집 바로 옆에는 노인 복지시설이 있다. 누워 지내는 중환자도 있고, 나이가 좀 많으실 뿐 거동에는 문제가 없는 분도 많다.

처음 이곳에 들어오는 사람들 중에는 적응하지 못하는 사람이 많다. 지나가는 트럭을 가로막고 서서, 서울 가는 기차역까지만 데려다 달라던 할머니도 있었다. 집에 가고 싶어 날마다 울던 전직 세무 공무원도 있다. 그 노인은 아들을 따라 집에 갔는데, 집안에는 들어가지도 못하고 승용차 안에서 자고 다시 왔다고 한다. 그들은 이제 포기하고 적응하면서, 자식들이 보내오는 용돈으로 살아간다.

우리에게는 부모님 두 분이 계시다. 피치 못할 사연에 의하여 두 분이 더 되는 경우도, 한 분도 계시지 않는 경우도 있을 것이다. 사람들은 결혼을 하면서 부모님을 두 분 더 모시게 된다. 여자에게는 시부모가, 남자에게는 처가 부모가 생긴다.

나는 결혼 초부터 시가에 어머니, 친가에 아버지뿐이었다. 친정어머니는 당신의 명이 다 한 걸 아시고 서둘러 나를 결혼시켰다. 그리고

20여일 후에 세상을 뜨셨다. 시아버지는 오래 전에 작고하셔서 나는 그 어른을 사진으로만 뵈었다.

어머니는 아버지 안 보는데서 종 주먹을 대며, 무능함을 늘 미워하셨는데 떠나실 날에 임박해서는 하염없는 눈으로 지켜보셨다.

"네 아버지 불쌍한 분이시다. 나는 잘못했지만 너희들은 잘해라."

나는 어머니에게 잘못한 것을 후회하며, 아버지를 원망하였다.

외할머니는 아버지에게 새사람을 만나게 하셨다. 얼마 후 가족을 지켜주시던 외할머니마저 타계하셨다. 아버지는 며느리보다 새 어머니 쪽이 나으셨던가 보다. 손에 쥔 것 없이 몸만 가서 의지하셨다. 나는 아이들을 키우며 직장에 다니느라 정신없었다. 잘 지내시겠지 하면서 아버지를 잊고 살았다. 아버지는 그때 몸과 마음에 깊은 병이 드셨다. 몹쓸 병이 든 몸으로 아들 곁으로 돌아오신 아버지는 어리석은 자식에게 당부하셨다.

"시어머니께 잘 해드려라."

나는 그제야 아버지께 불효한 것을 후회하였다.

시가의 어머니는 참 좋은 분이셨다. 법이 없어도 살 분이라는 말, 우리 시어머니를 두고 한말 같다. 나는 그분의 현실성 없이 좋기만 한 품성이 마음에 거슬렸다. 무엇하나 오지게 해내지 못하는 성정이 무능하게만 보였다. 내가 만든 음식이 짜면 '물을 더 넣어 먹으면 되니 걱정 말라'하셨고, 밥이 되면 '물 말아 먹으면 된다'하셨다. 한마디도 나무라지 않으셨다. 그런데 나는 친정에 가서 침 튀어가며 시가 식구들 흉 털이를 했다.

시어머니까지 돌아가셨다. 어떤 사람은 모실 어른이 안 계시니 홀가분해서 좋겠다고 한다. 그 말이 틀린 말은 아니다. 늦게 일어나도 눈치 볼 사람이 없고, 집안 여기 저기 어지럽혀져 있어도 괜찮다. 살림 솜씨가 맵짜지 않다고 나무랄 사람도 없다.

결혼으로 부모가 두 분씩 더 생기는 것은 그만큼 성장하여 능력이 있음을 인정하는 것이라는 생각이 든다. 낳아주신 부모님께 효도하기에는 받은 은혜가 너무 크니, 부모님 두 분을 더 모시고 공경하라는 뜻이라 여겨진다. 그런데 하늘은 내가 불효할 것을 미리 아셨나 보다. 그래 남들 두 분씩 다 계시는 친정부모, 시댁부모님을 한분씩만 남겨두셨던가 보다. 부모님이 사무치게 그립다. 살아계실 때는 미처 모르고 지내다가 떠나가신 뒤에야 철이 들고 후회한다. 부모님 살아계실 때 섬기기 다 하라던 옛 어른의 시구(詩句)가 가슴을 저민다.

종종 자녀들이 부모님을 찾아 이곳에 온다. 노인들은 자녀들이 온다는 날 며칠 전부터 손꼽아 기다린다. 용돈 몇 푼에 부모는 어깨가 으쓱해진다. 사탕이나 음료수 따위의 주전부리에 기운이 솟는다. 그러나 용돈이나 물건이 아니리라. 자녀들이 두고 간 사랑이 살아갈 힘을 주기 때문이리라. 정문까지 배웅 나온 부모는 다음 약속일까지 기다리는 힘으로 살아가리라.

후회해도 다시는 고칠 수 없는 잘못을 그들은 저지르지 않았으면 좋겠다. 2004

남자 친구

김태길 선생의 '여자 친구'라는 글을 읽은 일이 있다. 자신에게 여자 친구가 '있다' '없다'를 말할 수 없다고 전제하고, 적당히 늙어서 욕심이 생기지 않을 때 여자 친구를 가질 수 있을 것이라 했다. 단 여자를 여자로 볼 수 있는 기력이 있을 때라고 덧붙였다.

요즘 초등학생만 되어도 이성친구가 있는 것을 당연히 여긴다. 이성 친구 즉 남자 친구, 여자 친구라는 말은 본래의 의미로 쓰이지 않는다. 성이 다른 동급생 친구와 스스럼없이 이야기하면서도 이성 친구가 아니라고 한다. 나이가 들어 대학생이 되면 이성 친구가 없는 것을 오히려 부끄럽게 여긴다.

내게도 남자 친구가 있었던가 생각해 본다. 어릴 때는 이웃 간이 대부분 같은 성받이였기 때문에 친구가 곧 형제뻘이고, 숙질간이었다.

사춘기가 되면서 이웃 동네 잘난 오빠들을 한 번 씩 마음에 담았다. 크게 될 거라고 입에 오르내리던 사람들이다. 명문대에 다니는 친구의 오빠들도 한 번 씩 좋아했다. 그들의 대부분을 사진으로 밖에 본 일이 없으면서 이 사람에서 저 사람으로 바꿔가며 혼자 가슴앓이를 했다. 남자 친구라는 말이 이 경우에는 맞지 않다. 그냥 철없는 짝사랑이었다.

생각해 보니 내게도 남자 친구가 있었다. 내가 시댁 쪽으로 직장을 옮기기 전 반년 동안 근무한 곳이 있다. 그곳에서 동갑내기 남자 동료를 만났다. 그는 순수했으며, 글에 대한 관심이 서로 비슷해 대화가 통했다. 이성으로서의 관심보다 이야기를 나누면 친구같이 마음 편한 사이였다. 갑작스럽게 충남으로 발령 난 것을 못내 아쉬워하던 그는 지금 무엇을 하고 있을까? 어딘가에서 글을 쓰는 멋진 교장이 되어있을지도 모른다.

마음 편히 대화를 나눌 수 있는 남자 친구가 하나쯤 있으면 좋겠다. 집안 이야기, 아이들 이야기, 배우자 이야기를 스스럼없이 나누고, 그와 나눈 이야기를 다른 사람의 입을 통해 듣지 않을 수 있다고 확신할 수 있는 사람이면 좋겠다. 그러나 사랑의 열병을 다시 앓고 싶지는 않다. 예쁜 연두 빛 마음을 갖기에는 나는 너무 메말라 버렸다.

사랑에는 짝사랑이 있지만 짝 친구라는 말은 없다. 우정은 일방통행일 수 없는 모양이다. 사랑은 헌신적이어서 주는 것만으로도 가슴 저리지만 우정은 맹목적일 수 없다. 돌아오지 않는 메아리를 한없이 기다릴 수는 없는 일이다.

내가 상대를 친구로 생각한다 해도 상대방이 나를 친구로 생각해 주지 않으면 이성간의 우정은 성립될 수 없다. 더구나 상대가 나를 이성으로만 여긴다면 그것 역시 떨떠름한 일이다. 더 겁나는 것은 같은 연배이면서 나를 늙은이 취급하는 일이다. 우정이란 서로의 나이가 엇비슷하고 공동 관심사가 있어야 지속될 수 있는데, 나와 동년배의 남자들도 나와 같이 담백한 심정이 되어있는지 모르겠다.

내 나이의 남자들은 아직 이성 친구를 갖기엔 너무 젊은 것 같다. 그리고 좀 더 솔직히 말하면 남자 친구를 남자로 좋아할까 겁난다. **2001**

야간열차에서

전라선 열차를 타는 것이 벌써 2년째다. 길에 조금 익숙해지니 차츰 출발시각이 늦어진다. 가족들과 같이 지내는 시간을 더 갖기 위함이고, 객지에서 혼자 살아야 할 외로움을 향해 선뜻 발이 내디뎌지지 않기 때문이다. 일주일간 미루면 안 될 집안일도 발목을 잡는다. 열차 출발 시각에 맞추느라 늘 종종걸음을 친다.

오늘도 오후 6시 1분에 익산역을 출발하는 열차를 탔다. 사람들이 꽤 많이 타고 내린다. 차 안도 만원이다. 마침 옆자리에 안면이 있는 여인과 같이 앉게 되었다. 예순 살쯤 됨직한 그녀도 나처럼 주말마다 열차를 탄다. 직장에 다니는 딸네 살림을 돌봐주러 일요일에 갔다가 토요일에 돌아온다 한다. 그녀는 순천까지, 나는 구례까지 간다. 여인이 선뜻 사탕을 내민다. 사탕을 까서 입안에 넣으니, 그녀의 인상만큼이나 구수한 누룽지 맛이 입안에 가득 고인다.

창밖을 본다. 땅거미가 내려앉은 들에는 가을걷이하는 사람들이 어둠 속에 묻혀 가고 있다. 논두렁의 콩을 거두는 농부의 등거리 속 마른 삭신이 우둑거리는 소리가 들릴 것 같다. 성급하게 뜬 초이레 낮달은 아직 창백하다. 산이, 들이, 하늘이 어둠 속에 묻혀가고, 불빛은 점점 여물어 간다. 유흥업소의 휘황한 네온 빛은 길을 잃고 방황하는 이를 향해 손짓을 한다.

주유소의 푸르스름한 형광 불빛은 자동차들의 오아시스가 되고, 숨가쁘게 달려온 차는 목을 축이고, 다시 또 속도의 벨트에 올라탄다. 어둠 속에 섬처럼 서 있는 주유소는 마음만 떠나보내고 거기 혼자 남아 손을 흔든다.

나는 가출하는 여자의 마음이 된다. 을씨년스럽고 처량하다. 집이 없는 것도 아닌데, 어두워질수록 돋아 보이는 살림집들의 불빛이 부럽다. 귀가하는 차들이 바쁘게 질주한다. 집을 향한 운전자의 마음이 자동차의 헤드라이트보다 한 발짝 앞서가고 있다. 집에 도착하여 현관문을 열면 한 아름의 밝은 빛이 안겨 오리라.

어느새 기차 유리창이 거울이 되어있다. 밖의 어둠이 시커먼 얼굴을 하고 유리 뒤쪽에 바짝 다가서 있다. 그 거울에 사람들이 들어 앉아 있고, 반대쪽 창으로 보이는 불빛까지 반사시킨다. 어둠 속을 헤매던 내 시선은 자연히 안으로 들어온다.

옆자리 여인은 의자를 뒤로 잔뜩 제친다. 비스듬히 눕기가 바쁘게 코를 곤다. 예수를 믿는 기쁨을 나에게 전해주려고 몇 번씩 반복하던 말에 '예'도, '아니오'도 아닌 어정쩡한 답을 하지 않아도 되어 좋다.

객차의 흐릿한 불빛 속이 오히려 편안해 보인다. 떠나가는 을씨년스러움도 줄어들고 여유가 생긴다. 잠든 아기를 가슴에 안고 있는 남자, 핸드폰의 자판을 엄지손가락으로 부지런히 찍어대는 긴 머리 아가씨, 반 욕설을 섞어가며 친구와 통화하고 있는 떠꺼머리 청년, 금방 터질 것 같은 가슴을 한껏 내민 스포츠 신문 속 여배우 사진에 눈을 꽂고 있는 중년 남자 모두 유리창에 반사된다. 사람들의 얼굴 위로 자동차가 지나가고, 주유소의 휘황한 불빛도 지나간다. 제법 노랗게 익어가는 반달도 그들의 얼굴 위를 흘러간다. 내가 살아오면서 두고 온 사람들의 모습도 같이 섞여서 흐른다.

기차는 이마에 커다란 불을 켜고 달린다. 절그럭 절그럭 요란한 쇳소리가 어둠 속에서 뒤따라온다. 규칙적으로 들리는 그 소리는 오히려 나를 편하게 해준다. 사람들도 마찬가지 인가보다. 의자를 재끼고 잠든 사람들이 대부분이다. 그러나 자기가 내릴 곳의 안내 방송이 나오자마자 일어나서 짐을 챙기는 모습을 보면 깊이 잠들었던 것은 아니었나보다.

제 각각의 목적지에 당도하면 우리는 어둠에 맞닥뜨리게 될 것이다. 자신에게 익숙한 어둠이면 남들보다 쉽게 제 갈 길을 찾아가겠지. 그러나 생소한 여행자는 묻고, 안내 책자를 뒤적이고, 그것도 안 되면 전화를 이용하겠지만 마침내 그도 목적지에 도착하리라.

어쩌면 우리는 삶이라는 야간열차를 타고 가는 것이 아닐까. 금방 금방 바뀌는 차창 밖을 내다보다가, 낯선 사람들과 같은 열차를 타고 있는 나를 발견하게 되고, 그리고 어디에선가 어둠을 향해 내려야하는 야간열차의 승객처럼. 2003

고물상의 시계

기차가 스르르 미끄러져 간다. 내가 탄 열차가 가는지 옆에 서 있던 열차가 가는지 처음에는 가늠이 되지 않는다. 속도가 빨라지고 옆 기차가 뒤로 밀려나면서 내가 탄 열차가 가는 것을 알게 된다. 나는 시계와 열차표를 보며 목적지에 도착할 시각을 다시 확인한다.

오후 6시가 넘었는데 해는 아직 노기가 가시지 않았다. 차창 밖에는 여름이 암록색으로 마디마디에 약 차오른다. 전신주, 건물, 산과 나무들이 다가왔다가 사라지는 속도가 점점 빨라진다. 어제 지나갈 때 보았던 고물상 몇 곳도 휙 휙 지나가 버린다. 멀리 있는 사물들은 한동안 기차를 따라오다가 지쳐 소리 없이 뒤로 물러나 버린다.

찻길 옆이나 철교 밑에는 유독 고물을 수집해 놓은 장소가 많다. 기차가 쾌속으로 질주하는 소음 때문에 주거지로는 적당하지 못하여 땅

값이 싼 때문이리라. 철로 변은 도로 사정도 좋은 편이니, 수집과 반출이 편리한 이점도 있으리라. 고물상은 재활용품으로 넘치고, 나가고 든 흔적 없이 늘 그만큼 쌓여 있는 것을 보면 재생 공장으로 출하되는 양도 시원치 않은 모양이다.

철길 주변 임시 거처에 사는 사람들의 살림살이가 고물상에 쌓인 물건처럼 스산해 보인다. 그 사람들은 빠르게 지나가는 세상에 길을 내주고 한 발짝 비켜서서, 끌어들이고 모아둔 재활용품 속에서 한 톨의 가능성과 꿈을 찾는다. 그 꿈을 싣고 떠나기 위해 드난살이 같은 살림을 철길 주변에 벌여 놓은 것은 아닐까.

익산역 조금 못 미친 곳 철길 바로 옆에 오며가며 눈여겨 본 고물 수집소가 있다. 철조망으로 얼기설기 제 영역을 긋고, 그 안에 폐품을 질서 없이 그득 쌓아 놓았다. 그 집 역시 지은 지 오래 된 삼간집인데, 처마를 덧대어 내고 지붕을 함석으로 개량하였다. 벌겋게 녹슨 함석의 굴곡 마디마디에 그 집이 겪은 풍상이 깃들어 있다.

종이 박스는 제가 품었던 물건에 대한 기억마저 희미해진 채 접히고 구겨져 산더미처럼 쌓여 있다. 바람이 부는 날이면 자신을 비틀어 맨 운명의 끈에 매달려 흐느적거리며 하염없이 울부짖는다. 가슴을 에는 사랑으로 누군가를 울렸을 소설책은 모든 기억을 첩첩이 접어둔 채 나뒹군다. 삶의 도정을 질주하느라 지칠 대로 지친 자동차 타이어는 마디마디에 관절통을 앓으며 널브러져 있다. 세 발 자전거는 바퀴 한 짝이 빠져나간 채 녹슨 드럼통에 기대 서서 지난 시간을 회상하고 있다. 모두 비가 오면 오는 대로 흠뻑 젖어 눈물을 흘린다.

그 고물상 벽에 시계가 걸려 있다. 어디서나 볼 수 있는 둥그런 얼굴만 있는 큰 시계다. 300 포인트 크기는 됨직한 12개의 아라비아 숫자는 지나가는 열차 안에서도 쉽게 읽을 수 있다. 처음에는 무심히 보았는데, 최근에 그 시계가 움직이지 않는다는 것을 알게 되었다. 고장 난 시계다.

고장 난 시계가 왜 거기에 걸려 있을까? 주인이 고쳐 쓰려고 고물 속에서 가려내어 걸어 두고 깜박 잊은 것일까? 건전지만 갈아주면 될 텐데, 폐품을 닮아 가는 주인이 잊고 저렇게 무료하게 세워 놓았는지 모르겠다. 혹시 제 스스로 서버린 것인지도 모른다. 그곳의 모든 물건은 과거의 시각 속에서 살고 있다. 헌데 저 혼자 미래를 향해 가는 것은 반칙이고, 무의미하다는 것을 알게 된 때문에 - 흐르는 시간을 따라 가지도 않고, 붙잡지도 않고 - 그냥 거기 서서 고물상의 풍경이 되어 있다.

그 고물상의 시계는 언제나 8시 35분을 가리키고 있다. 어제 오후 3시에 그 옆을 지날 때도, 오늘 오후 6시경 그 옆을 통과할 때도 변함없이 같은 시각에 바늘이 고정되어 있다. 폐품들과 같이 과거 어느 때의 8시 35분을 기억하고 있을 것이다. 쭈그러진 양은그릇은 가난한 식솔들이 찬밥 한 덩이를 비벼 함께 먹던 늦은 저녁 8시 35분을 기억하고 있을지 모른다. 세 발 자전거는 아장아장 걷는 첫 아들을 자전거에 태우고 흐뭇하게 웃는 젊은 아버지의 일요일 아침 8시 35분을 기억할지도……. 시계가 움직이지 않고 멈추어 버려서, 그 곳의 물건들도 지금보다는 훨씬 좋았던 시절의 8시 35분에 기억을 거두었을 것이다.

기차가 달린다. 앞에 있는 사물을 끌어 당겨서 뒤로 밀어버리고, 또 새로운 물체를 끌어다가 뒤로 밀어버리는 그 힘으로 자꾸만 자꾸만 앞으로 달려간다. 고물상의 시계는 비록 멈추어 있지만 세상의 모든 시계들이 미래의 시각을 향해 가고 있기 때문에. 2002

죽음에 대한 생각

아침 해가 고개를 내밀기도 전에 마을 스피커가 징징거린다. 곧이어 밤새 막걸리와 담배 연기에 절은 이장의 목소리가 아침 공기를 힘겹게 걷어 올린다.

"에, 에, 부락 주민들께 알립니다. 어젯밤에 숙환으로 고생하시던 Y씨가 세상을 뜨셨습니다. 주민들께서 많이 도와주시기 바랍니다."

고인은 일흔을 갓 넘긴 남자다. 그의 아내는 엊그제만 해도 남편이 죽었으면 좋겠다고 푸념했다. 그도 그럴 것이 10여 년 전에 뇌졸중으로 쓰러진 뒤 병세가 많이 좋아지기는 했지만 Y씨는 자신의 감정을 통제하는 능력을 상실하고 말았다. 그래서 가족을 많이 괴롭혔다. 더구나 2년 전부터 몸져누워 그의 아내를 더 힘들게 했다.

사람은 태어나면서 죽음을 향해 간다. 그러나 철이 들면서 바로 죽음에 대해 생각하는 것은 아니다. 그렇다면 사람은 언제부터 자신의 죽음을 구체적으로 생각하는 것일까? 거꾸로 매달아도 이 세상이 좋다는 말이 있다. 나이가 많거나, 병석에 오래 누워 있는 사람들은 대부분 어서 죽어야 한다고 말하지만 속셈까지 그렇지는 않을 것이다. 오히려 온갖 집착에서 벗어나지 못하며, 죽지 않으려고 건강에 좋다는 것이면 기를 쓰고 찾아서 먹고 행하려 한다. 가지고 가지 못하며, 끝내는 자신마저 한줌 흙으로 변한다는 사실은 염두에도 없다. 우리는 살아가면서 '죽겠다'를 입에 달고 산다. 좋아서 죽겠고, 싫어도 죽겠고, 그렇게 엄살을 부리면 죽음이란 놈이 슬쩍 눈감고 비켜 갈지도 모른다는 기대를 가져보는 것은 아닐까.

나는 사춘기 시절에는 막연히 스물여덟 살 정도면 죽으려니 했다. 허리 굽고 머리카락이 파뿌리가 된 노파들이 너무 측은해 보여 나는 그때까지 살고 싶지 않았다. 아마 그 무렵부터인 것 같다. 우습게도 삶에 대한 생각을 시작하면서부터 삶과 동등한 부피의 죽음이란 놈이 거부할 수 없는 힘으로 내 몸 안에 스며들고 있다는 것을 알았다. 그런데 그 나이가 되어도 나는 죽지 않았으며, 결혼이라는 새로운 상황을 거쳐서 아내가 되고 아이들의 어미가 되었다. 새로운 삶의 전개에 정신이 팔려있던 나는 그 놈이 내 몸을 얼마만큼 차지하고 있는지 잊고 살았다.

마흔을 넘기면서 또 한 번 죽음의 두려움에 휩싸이게 되었다. 한동안 잊고 살았던 죽음이란 놈이 무겁게 짓 눌러왔다. 젊은 시절에는 막연한 두려움이었는데, 사십대부터는 자신의 존재 의미에 대한 두려움이었다. 나는 왜 여기 있으며 그동안 무엇을 했는가. 남은 시간에 내가 할 수 있는 일은 무엇일까. 낭비한 지난 삶이 후회되었다. 남겨질 자식에 대한 일도 큰 걱정거리였다.

그런데 죽음에 더 가깝게 서 있는 지금은 죽음을 잊고 산다. 예전보다 건강도 나빠지고, 기억력을 비롯한 모든 기능도 예전만 못한데 그렇다. 오래오래 살 것처럼 이것저것 일을 찾아 벌려 놓고 앞뒤로 수선을 떨고 다닌다. 몸져누워 주위 사람을 괴롭게 하는 일만 없었으면 하고 바라지만 언제 죽음이 닥칠지는 염두에 두지 않는다. 낯 두꺼운 노인이 되어 가고 있다. 나에게만 국한 된 일도 아니고, 거부한다고 해서 나만 예외 일 수는 없는 일이다. 장수했다고 좋아할 일도 아니고, 단명했다고 슬퍼할 일도 아니다. 지금 이 순간이 나에게 주어진 마지막 기회일지 모른다. 그리고 그 소중한 기회를 낭비할까 두렵다.

죽음은 우리 바로 옆에 있다. 손바닥을 뒤집어 안과 밖을 선택하는 것이 쉽듯이 죽음과 삶이 그렇다. 자신의 삶을 선택할 수 없었지만 죽음을 선택하는 사람도 종종 있다. 인간은 태어나면서부터 보살핌을 받고 사랑을 받았다. 그러나 죽음은 동행자를 구할 수 없으며, 혼자 치러야 하는 고행이다. 이젠 마침표를 찍어야겠다고 스스로 생각할 때 그놈이 들이닥친다면 혹시 두려움이 덜 할지 모르겠다. 그보다 욕심 없이 태어났던 순수한 마음으로 돌아간다면 죽음도 하나의 상황 변화로 받아들일 수 있을 것이다.

기독교인이 천당을 말하고, 불교도가 다음 세상을 말하는 것도, 어떤 모습으로든지 우리가 사랑하는 이들 곁에 남아 있으니 두려워 말라는 의미가 아닐까. 사람은 흙이 되고, 바람이 되고, 물이 되어 지금과 같이 바로 이곳에 오래오래 머물 수 있으리라.

죽음이 바로 코앞에 있다 해도 나는 지금 살아 있어서 행복하고, 내일을 계획할 수 있어서 고맙다. 2001

말과 소리

구례의 조그만 초등학교에서 이년간 근무한 일이 있다. 그때 나는 화엄사에 자주 갔었다. 소리가 좋아서였다.

너럭바위에서 한바탕 미끄럼을 타고 놀던 개울물이 큰 바윗돌 밑으로 자맥질하는 왁자한 소리가 좋았고, 산새 소리가 좋았으며, 소나기 쏟아지는 소리 같은 풀벌레 소리도 좋았다. 나뭇가지 사이에서 시냇물 소리를 내며 흐르는 바람소리는 더 좋았다.

그 중에서도 으뜸으로 좋은 것은 스님의 목탁 두드리는 소리였다. 나는 그 소리에 발걸음을 멈추고 한참이나 서 있곤 했다. 조그만 목탁 안을 휘돌아 나오는 소리는 경망스럽지 않았으며, 색깔도 없고, 무언가를 가르치려는 오만함도 없는 그냥 담백한 소리다. 빠른 박자로 두드릴 때는 군더더기 없는 박진감이 느껴지다가 박자를 늦추면 목탁이

진동하여 울리는 소리가 스님의 독경소리 뒤에 잠깐 머물다 간다.

범종소리도 참 좋았다. 지옥에 떨어진 중생까지 극락으로 인도하기 위하여 친다는 범종소리는 끝없는 울림으로 땅을 흔든다. 법고는 땅 위의 만물이 떨쳐버리지 못한 번뇌를 정화시키기 위하여 울린다는데, 내 가슴 밑바닥까지 그 울림이 전해진다. 산에, 들에, 그리고 중생들의 가슴속에 아직 남아있는 부처의 마음을 일깨워준다.

자연에서 얻어지는 소리만이 아름다운 것은 아니다. 좋은 악기로 뛰어난 연주자가 연주하는 음악 소리는 자연의 소리 못지않게 아름답다. 그러나 생활의 이기(利器)인 전자 제품들은 엇비슷한 소리를 낸다. 전화기의 벨 소리, 냉장고의 모터 돌아가는 소리, 자동차의 소음, 컴퓨터의 기계음, 노래방의 박자기가 토해내는 굉음, 우리는 규칙적이고 단순한 기계음에 적응되어 가고 있다. 머릿속엔 주파수가 각인되어 그 소리만 들리면 신들린 듯 온몸을 뒤흔들며 춤을 추는 것은 아닐까? 그 소리가 들려야만 온몸의 모세혈관 속에 피가 도는 것은 아닐까?

사람들은 소음 속에서 밥을 먹고, 이야기하며, 심지어는 사랑의 밀어도 나눈다. 규칙적이고 단순한 기계의 소음이 이젠 배경음악이 되어버렸다. 오히려 그런 소란함이 사라진 공간 속에 놓이면 불안해지는 사람도 있다 한다. 기계화 되어가는 삶 때문에 감정까지 박제되어 버린 때문이리라.

요즈음 젊은이들은 혼자 있지만 절대 혼자가 아니다. 수 없이 들려오는 핸드폰의 발신음은 혼자 있음을 두려워하는 외침이다. 손아귀에 핸드폰을 쥐고 다니는 것도 그것이 바로 타인과 연결되는 통로가 되기 때문이다. 그래야만 고립감에서 벗어날 수 있는 모양이다. 나이든 사람들도 마찬가지다. 사람과 같이 있지 않으면 단절감을 느낀다. 하다못해 텔레비전 화면 속의 사람들이라도 같이 있고 싶어 한다. 그들의 말을 들을 수 있기 때문이리라.

듣는 이도, 보는 이도 없는데 켜져 있는 텔레비전 속에서 말의 홍수가 쏟아진다. 그러나 그것은 이미 말의 기능을 상실한 소리에 불과하다. 열심히 말을 해도 상대방에게 그 의미가 전달되지 않는다면, 그것은 말이 아니라 소리에 지나지 않는다. 서로 이해 못하는 언어를 구사하는 외국인 간의 대화가 그러하고, 사랑이 끝난 연인들 사이의 대화가 그러하다.

사람의 생각을 목구멍을 통해서 조직적으로 나타내는 것만이 말은 아니다. 한낱 의미 없는 소리에 불과한 아기의 옹알이는 아이 엄마에게는 무엇보다 사랑스런 말이 된다. 한낱 눈짓에 불과한 여인의 눈에서 그의 연인은 수 없는 말을 듣는다. 한(限)으로 짓무른 늙은 어머니의 한숨 속에는 살타래 같은 이야기가 옹이 되어 있다.

무엇보다도 아름다운 소리는 사람의 입에서 나오는 사랑이 깃든 말이다. 출렁이는 산골을 타고 울려 퍼지는 범종 소리보다 더 웅장하고, 법고 소리보다 더 박진감 있고, 목탁 소리보다 더 순수하며, 짝을 부르는 풀벌레 소리보다 더 간절한 소리이다. **2006**

나이 들어 좋은 것들

해가 바뀌니 저절로 나이가 한 살 더 늘었다. 어릴 적에는 나이 먹는 것이 좋았었는데, 언제부턴가 한 살 더 많아진 나이가 목에 가시처럼 걸린다. 거기에다 눈, 귀, 그리고 다리의 관절까지 지난해보다 더 부실해지니 속이 상하다.

허리는 나도 모르는 사이 구부정해지고, 가는귀먹은 것이 아니라고 변명하지만 청력이 나빠진 것을 인정하지 않을 수 없다. 얼마 전에 바꾼 돋보기 안경을 써도 글자가 선명하게 돋아 보이지 않는 것을 보면, 시력이 더 나빠진 것이 분명하다. 그래 나는 나이 들어 좋은 것은 없을까 생각해본다.

다리와 허리가 나빠져서 걸음걸이가 느려진 것도 생각해보면 나쁜 것만은 아니다. 빨리 걷다가도 간혹 다리의 관절이 뻣뻣해지면 걸음을 멈추고 쉴 수밖에 없다. 그 때 나는 전에 보지 못했던 주위의 아름다움을 발견할 수 있게 된다. 풀포기 사이에 납작 엎드린 보라금풍뎅이의 겉 날개에서 인간이 흉내 낼 수 없는 신비한 색을 발견한다. 풀 섶에 숨어 핀 갈퀴 꽃의 보랏빛 미소는 애잔하다. 또 걸음이 느린 아이들과 동행할 수 있게 되어, 그들의 속도로 움직이는 세상을 발견할 수 있게 되었으니, 이 얼마나 좋은 일인가.

귀가 어두워져 좋은 점을 찾아보자. 상대가 귓속말로 소곤거려 듣지 못한 말이라면, 그 이야기는 십중팔구 남의 험담일 게다. 칭찬이나 듣기 좋은 말을 작게 하는 사람은 드물다. 확실하고 좋은 이야기는 들을 수 있지만, 귀가 나빠진 덕택에 험담이나 흉일 게 빤한 이야기는 잘 들을 수 없게 되었다. 또 이야기를 듣다가도 나쁜 말인 듯싶으면 귀가 어두워서 못들은 체 해버릴 수 있다. '뭐라고? 잘 안 들린다니까'를 연발할 수 있으니 아니 즐거울 수 있겠는가.

말이 느려진 것도 과히 나쁠 것은 없다. 나는 말본새가 좋지 못한데다 빠르기까지 했다. 자연히 내가 하는 말을 듣고 상대가 화를 내는 경우가 자주 있다. 그런데 지금은 말이 느려진 덕택에 바로 그칠 수 있게 되었다. 말하다가 잘못 전해지거나 다툼과 오해가 생길 낌새가 보이면 도중에 그칠 수 있으니 얼마나 다행인가. 더구나 내 말에 갑갑증을 느낀 젊은이가 참지 못하고 제 말을 먼저 한다면 싱싱하고 젊은 생각을 거저 얻을 수 있으니, 그 얼마나 좋은 일인가.

허리가 아픈 것도 꼭 나쁜 것만은 아니다. 허리가 꼿꼿할 때는 상대방의 얼굴을 똑바로 쳐다보는 버릇이 있어 도도하다는 말을 들었다.

통증 때문에 허리가 구부정해지니, 고개를 곧추세울 수 없게 되었다. 자연히 시선이 아래로 향한다. 허리가 굽었으니 조금만 더 숙이면 인사가 된다. 그래 나는 자주 인사를 한다. 아주 공손하게.

얼굴 여기저기에 기미와 주근깨가 생기는 것도 화 낼 일만은 아니다. 얼굴에 잡티가 생기지 않았을 때는 햇볕에 조금만 타도 걱정스러웠다. 여기저기 검버섯까지 돋으니 이제 어찌해 볼 수 없게 되었다. 그래 오히려 해를 무서워하지 않는다. 얼굴을 가릴 필요도 없다. 모자나 양산 따위 집어던지고 눈부신 태양 아래 산책하는 즐거움을 어디다 비기랴.

기억력이 나빠진 것은 더욱 좋은 일이다. 애면글면 속을 끓이던 일도 잊게 되고, 나빴던 기억도 까맣게 잊는다. 반면에 좋았던 기억은 가슴속에서 자라고 살 찌어가니 그것도 참 좋은 일이다. 만나서 좋을 것이 없는 사람을 만났을 때는 '난 모르는 사람인데'하고 외면해버리면 그만이다. 읽은 책을 다시 읽을 때 전에 느꼈던 것은 까맣게 잊고 새롭게 감동한다. 나만 그런 줄 알았는데 유명한 사상가도 오래전에 같은 말을 했다. 감동할 일이 많지 않은 세상, 읽은 책을 다시 읽고 전과 같은 느낌을 얻는다는 것은 더 없는 행복이다.

머리카락이 허옇게 된 것도 꼭 나쁜 것만은 아니다. 방바닥에 떨어진 까만 머리카락 한 올은 눈에 거슬린다. 불결해 보인다. 그러나 흰 머리카락은 덜 하다. 또 그것은 내 머리카락이 아니라 실오라기라며, 짐짓 모른 채 할 수도 있다.

생각하면 눈이 나빠진 것은 좋은 것 중의 으뜸이다. 나는 남들의 결점을 잘 찾아냈다. 뛰어난 관찰력 때문이라고 자화자찬했다. 그러나 한 두 개의 단점은 잘도 찾아내면서 흔한 장점 한 가지를 찾아낼 줄 몰랐으니 그것이 문제다. 이젠 시력이 나빠져서 다른 사람의 결점이 잘 보이지 않는다. 반면에 그 사람이 지닌 장점이 가슴으로 느껴지기 시작한다. 얼마나 다행인가.

모든 것이 나빠진 것이 분명한데 밤에는 어딘가에 숨어있던 또 다른 눈이 떠진다. 추워서 오들오들 떨고 있는 별들이 보이고, 몽유병에 걸린 나무가 창밖에 서성이는 소리가 들린다. 낮 동안 위엄을 자랑하던 산이 길게 누워서 어깨를 들먹이며 잠든 모습도 보인다. 반쪽자리 하현달이 눈물을 그렁거리고 있는 것도 보인다. 확연히 보인다.

나이를 먹는다. 올해 한 살, 내년에 또 한 살, 그 후년에도 또 한 살. 이렇게 자꾸 많아지겠지. 그러면 나는 전에 보지 못했던 새로운 것들을 더 많이 보고, 듣고, 느끼게 될 것이다. 이 얼마나 좋은 일인가. 2004

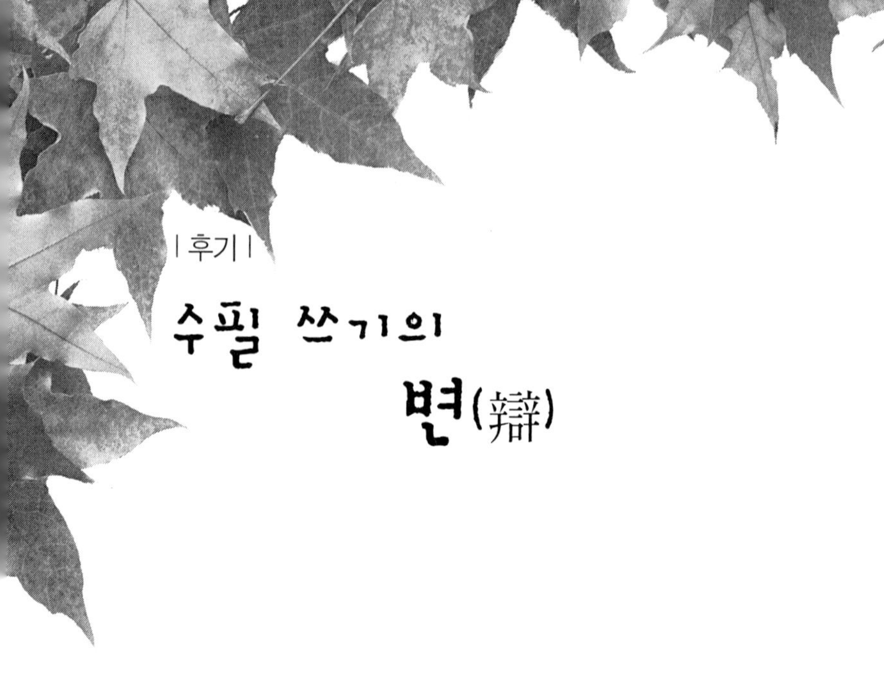

| 후기 |

수필 쓰기의 변(辯)

글 쓰는 사람은 말을 잘 한다고 한다. 내 주변에 있는 글 쓰는 사람들을 눈여겨보았더니, 그 말이 맞는 듯하다. 어떤 이는 말을 못하는 사람이 하고 싶은 말을 글로 쓴다고 한다. 그것도 옳은 것 같다. 여러 해째 습작의 터널 속을 헤매는 나는 어느 편에 속할까?

나는 어려서 친구들과 싸우게 되면 늘 머리를 쥐어뜯기거나 얼굴에 손톱자국을 훈장처럼 달고 오기 일쑤였다. 그러나 말다툼을 하면 지는 일이 거의 없었다. 상대를 눈물 흘리게 하고 개선장군이 되었다. 그런 말싸움의 패권은 고등학교 때까지 유지해온 듯하다. 책에서 얻어들은 뜻도 잘 모르는 문자나 이론을 들먹이며 따지고 아는 체했다.

말도 안 되는 궤변을 좋아할 사람은 아무도 없다. 나를 괴짜라며 대화에 끼워주지 않았다. 따돌림에 짐짓 아무렇지 않은 채 더욱 괴짜가 되어갔으나 그 때부터 말하는 것을 조심하게 되고 말수가 적어져갔다.

이렇게 말하는 것을 조심하다 보니, 내가 삼켜버린 수많은 말들은 내 안에 오래 머물면서 정리되고 곰삭아서 잔가시는 녹아버리고 중요한 뼈만 남게 되었다. 인기리에 방영되는 드라마도 내 입을 통하게 되면 무미건조한 사건 보고가 되고, 구수한 전래 동화는 딱딱한 산문이 되어버린다.

말을 하고 싶다. 내 언변 부족으로 생긴 오해를 뒤늦게나마 사과하고 싶다. 내가 살아온 이야기, 보고 느낀 것, 자식들에게 이렇게 살았으면 좋겠다고 말해 주고 싶다. 후배 교사에게 나 같은 실수를 하지 말라고 말해주고 싶다. 내가 잘못 살아온 궤적을 거울삼아 자식들이나 젊은이들은 실수 없는 삶을 살았으면 좋겠다. 내 이야기를 들고 고개를 끄덕여줄 상대가 있었으면 좋겠다. 위로 한마디쯤 해주면 더 좋겠다. 잘못했다 핀잔 듣는 것도 싫지 않을 것 같다.

나는 글을 쓴다. 말재간이 없으니까 글로 써서 읽어달라고 내어놓으면 상대는 읽어줄 것이다. 그래 좋은 글을 쓰려고 애쓴다. 내 글을 읽은 누군가의 마음속에 작은 흔들림이 있기를 바라는 심정으로 글의 흐름에 신경을 쓴다. 행간 사이에 잘못 전해질 말을 쓰지 않았나 되돌아보고 고치고 또 고친다.

친구는 수필을 쓴다는 내 말을 듣고 신문 기사라면 모를까 하며 고개를 가로 저었다. 사무적이고 따지기 좋아하는 성격을 익히 알고 있던 그녀의 평가가 옳다. 아들놈은 소설을 쓰라고 권한다. 그러나 남의 이야기를 쓴 소설이나, 함축과 절제로 가다듬은 시를 쓰는 능력이 내겐 없다. 그저 아픈 속내를 털어내고 싶을 뿐이다.

오늘도 컴퓨터의 자판을 두드린다. 언젠가 누가 읽어주겠지. 내 자식들이면 좋겠고, 나를 이해하는 친구들이어도 좋겠다. 나와 같은 길을 걸어가는 사람들이 읽어 준다면 더할 나위 없이 좋겠다.

| 서평 |

〈그 자리에 서서〉에 부쳐

모성(母性)이 느껴지는 글

수필가 윤병화

선사(先史)시대는 유물로 남고 역사시대는 글과 책으로 남는다. 이것은 인류학사적인 것만이 아니라, 좁게는 개인사에 있어서도 마찬가지다. 따라서 이 땅에서 살아온 우리 선인(先人)들 역시도, 생(生)을 정리해 보는 시점에서 자신의 호(號)를 넣어 〈○○集〉이라는 형태의 책을 내오곤 했다.

내가 문 선생님을 처음 만난 것은 10여 년 전이다. 도서관에서 교양강좌로 열린 나의 어쭙잖은 문학 강연을 듣고, 그 후 문학회에 들어와 같이 공부를 하며 꾸준히 글밭을 일구어 왔다. 더욱이 교직에 복직을 하시면서 그간 하루하루 열심히 사는 모습을 또한 보여 왔다. 일일사최선진(一日事最善盡)이면 십년후필의성(十年後必意成)이라 하더니, 그런 결과의 소산이 오늘 교직에서의 정년을 맞아 이 〈그 자리에 서서〉라는 한 권의 책으로 출간되기에 이르렀다.

수필이란 흔히들 인격과 삶을 동시에 담아낼 수 있는 그릇이라고들 말한다. 나아가 진지하게 '사는 것'인 동시에 그것으로부터 심오하게 '배우는 것'이 또한 수필이라고 말할 수 있다. 그런 수필집의 매력이라면 우선 높은 격조(格調)에 있지 않을까 싶다. 그러면서 그 사람만이 간직하고 있는 개성이 강하게 느껴질 때, 우리는 그 책을 소유하고 싶어 한다. 그리고 혼자만의 고요한 시간에 저자의 내밀한 삶의 모습을 들여다보며 그를 즐기게 되는 것이다.

〈그 자리에 서서〉에서의 글은 교직에서의 경험이 주류를 이룬다. 나아가 가르치는 아이들에 대한 모성(母性)으로서의 사랑이 짙게 배어 있다. 그것은 문 선생님의 올곧고 자애로운 성품이 글의 특성에 자연스럽게 스며든 것이라 할 수 있겠다. 본디 수필이란 쓰는 이의 삶의 여로(旅路)와도 같은 것이기에 그것은 어쩌면 당연한 일인지도 모르겠다.

먼저 '달팽이'라는 작품을 보자. 홀로 기숙하는 목욕탕에 들어온 등 마른 달팽이에게 물을 뿌려 주며 보살핀다. 그러면서 달팽이에게서 자신의 모습을 발견하기도 하고, 굼뜬 그에게서 정신없이 살아온 자신의 삶을 돌이켜보기도 한다. 그러다 비오는 날을 기다려 종이에 받쳐 텃밭으로 놓아준다는 이야기인데, 여기에서도 그런 모성과 약한 존재에 대한 사랑이 묻어나온다. 이와 같은 글은, '들꽃과 아이들', '천사보다 더 아름다운 아이들', '뿌리가 없더라도' 등으로 이어지며, 상처받은 어린아이들에 대한 사랑으로 나타난다.

그런가 하면 비판정신이 돋보이는 '못 먹을 것들', '파리를 잡으며', '플라스틱' 등의 글이 섞여 있는가 하면, '진주조개', '그 자리에 서서', '가시', '뜨개질을 하며', '아버지 두 분에 어머니 두 분' 등처럼 삶의 성찰이 바탕이 된 글들도 있다. 또한 '지리산 자락에서의 새벽 산책', '한지로 문 바르고' 등에서처럼 글맛이 느껴지는 작품들, '말과 소리', '나이 들어 좋은 것들'에서처럼 삶의 연륜과 혜안(慧眼)이 느껴지는 글 등 다양하다.

어쨌든 문학작품으로서의 글은 오늘 쓰이지만 내일에 읽히고 내일을 살아간다고 말한다. 오래간 진흙 속에 뿌리를 두고 있다가 한 송이 연꽃처럼 피어난 이 한 권의 참된 이야기가 가까운 주변 사람들에게는 의미 있는 책으로, 그 외 이 책을 대하는 모든 사람들에게는 간직하고 싶은 책이 되기를 바란다.